超訳 菜根譚

人生はけっして難しくない

The Essential Wisdom of Life

境野勝悟
Katsunori Sakaino

三笠書房

はじめに

とびきりの一言に出会える「人生の教科書」

「菜根譚《さいこんたん》」ってなに？　知らない——。

でも、ちょッと前まで、若い人たちが、ポケットから出して、楽しく読んでいた。

みんなが、いま、スマホを見ているみたいに……。

「菜根譚」の「菜」は、野菜。「根」は、大根。「譚」は、お話。つまり、お野菜と大根さんのお話というわけだ。

いくら高級な思想でも、難しくて、チンプンカンプンでは、中身のない話と同じだ。

「菜根譚」は、野菜や大根のように、身近で、気楽に打ちとけて、親しく読める。

たった一回こっきりの自分の人生。どう生きたら、いいのか。元気が出ない、なぜだろう。おもしろくない、なぜだろう。やる気が出ない、なぜだろう。気分がすぐれない、なぜだろう……。

「菜根譚」には、大切な今日一日を、どんな心持ちで生きたらいいのか、身近で、すばらしく、素敵な智恵が、次々、出現する。

「菜根譚」は、明の時代（一三六八〜一六四四）末期の人、洪自誠《こうじせい》の著。

この本は、なによりも、あたたかい人情を大切にして、人生がうまくいく幸せの道を、やさしく、説いた。

儒教・道教・仏教の教えを、融合して、生き方の極意を、前集二百二十二、後集百三十五に、とても、要領よくまとめている。

ふしぎなことは、「菜根譚」は、中国よりも、わが日本において、たくさんの人に読みつがれているのだ。

まことに、多忙な現代。

いったい、自分がどこにいるのか、わかりにくい。
「菜根譚」の気に入った一言にそって生きるだけで、自分の尊さに目覚め、あなたは、自分の自分らしい新しい人生を、自分の心に引き入れるであろう。

境野勝悟

目次

1章 「なんの変哲もない」ことに喜びを見出す――15の言葉

2章 欲やお金から「一歩」距離をおく——10の言葉

3章

「自分」を上手にコントロールする——15の言葉

4章 生き方をシンプルに変える——15の言葉

5章

心を「ポジティブな感情」で満たす──14の言葉

6章 いまの「働き方」を見直す——13の言葉

7章 「人間的魅力」を磨いていく――15の言葉

編集協力／岩下賢作
本文DTP／株式会社Sun Fuerza

1章

「なんの変哲もない」ことに喜びを見出す
——15の言葉

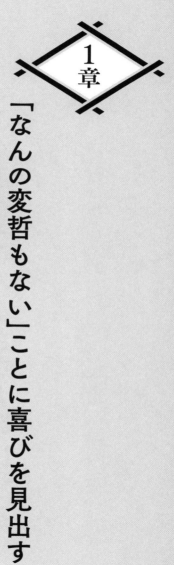

1

朴魯《ぼくろ》なるにしかず

「ごくふつう」のよさを大切にする

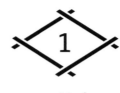

◆華美なもの、派手なものに惑わされない

知友の娘さんは、ある航空会社の客室乗務員となった。美しかった。目は、パッチリと、キラキラ輝く。頭脳も、グンと抜きん出て、明晰《めいせき》であった。

世界中を飛びまわって、見聞をひろめ、誰からも、素敵な女性と、ほめられた。

が、知友は、いつも、こうこぼした。

「結婚相手がいないんだ。なんど見合いをしても、気に入らないらしい」

やがて、娘さんは、致命的な大病に、侵された。過労が、原因。やむなく、寝たきりで、一年の闘病。ところが、退院をして一年もたたないうちに、結婚式の案内状をもらった。びっくりしていると、知友から、電話があった。

「おかげで、ふつうの人がいい。ふつうの生活がいいことが、わかったらしい」

朴魯なるにしかず

名言である。「朴」とは、切ったままの木で、あまり形を美しくしないもとのままふつうの木の意。「魯」とは、喜び大切にする意。つまり、優秀なものばかりもてはやさないで、ごくふつうの人のすばらしさを、しっかり見抜き、大切にせよ……と。

2

才華は玉《たま》韜《つつ》む

うぬぼれないこと、ひけらかさないこと

◆〝才気走る〟と、まわりに敵をつくることになる

超秀才のエリートは、なぜか、青春時代は、大もてにもてる。エリートが大好きな女性は、たとえどんなに破壊されても、それがうれしい、と、つぶやく。

が、結婚してから、十年、二十年とたつにつれて、やがて、エリートの夫が、嫌で嫌で、たまらなくなるという女性を、けっこう知っている。

「家に帰ってくると、すぐ、書斎に入ってしまう。やっと、食後、楽しい話をしようと思うと、自分の仕事のことしか話さない。どんなに自分の才能がすぐれているか。いかに他人よりも、難しい仕事をこなしているか。たまに私が意見をいうと、頭ごなしに批判してくる。きつい理屈ばっかり。ハートがないの」

才華は玉韜む

「才華」とは、鋭く光った学知。「玉韜む」とは、高価な宝石のように大事につつんで隠しておく。

いくら学才があっても、傲慢《ごうまん》に輝かしてばかりいると、隣人や家族から、嫌がらせを受けることに、なる。

3

勢利紛華《せいりふんか》には近づかず

「名誉」や「豪奢」に、へたに近づかない

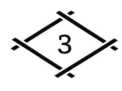

◆「他人の目」を気にすると、人生に迷う

晴れがましい名誉が、欲しい。そう思って、名誉を追っかけまわす。別に、そんなに悪いことじゃない。名誉を欲しがって、懸命の努力を続けているうちに、思わぬ能力も体力も、ついてくるだろう。が、ちょッとだけ立ち止まって、考えてみる。「名誉」が欲しいのは、なんのことはない。ただ、人にほめられたいだけではなかったか。人にほめられることばかり気にしていると、他人の目ばかり光ってきて、自分の目が、曇《くも》ってしまう。自分の目で、ものが見えなくなる。

自分のセンスを思いきって発揮して、おしゃれをする。けっこうなこと。見る人も気持ちよく、自分も明るくなる。が、むやみに大きいダイヤをつけたりして、身にそぐわないすごく高価な宝石で飾りたい人がいる。やはり、人にほめられたい一心なのだ。他人の目に、自分がよく映ることばかり気にしていると、不安感が高まってくる。

勢利紛華には近づかず

「勢利」とは、名誉である。「紛華」とは、派手な豪奢。この二つに近づくと、肝心な自分の思い通りの人生が、だんだんできなくなる。

4

一日も喜《き》神《しん》なかるべからず

一日一回、必ず「笑う時間」をつくる

◆「雨が上がったら喜ぶ」という自然の教え

まったく、おもしろくない日が、続く。暗くて、つらいニュースが、毎日押し寄せてくる。景気も、なかなか、よくならない。仕事に喜びが、持てない。

電車に乗っても、ポチポチ歩いていても、ケイタイを片手に持って、コチコチメールを打って、一日が暮れていく。

町の中に、人の世に、だんだん笑顔がなくなった。喜んでいる姿を、なかなか見つけられない。

大雨が上がって、空が明るく晴れわたる。鳥たちが、花の上に舞い立って、羽根をかわす。枝先に芽吹いた若葉も、地上の雑草たちも、いっせいに喜び楽しんでいる。

笑顔が消える。喜ばない。すると、肝心の自分の明るい心に、フタがかぶさる。

一日も喜神なかるべからず

一日、一回でいいから、笑う時間を持ちなさい。喜ぶようにしなさい。それが、菜根譚の教えである。自然界は、カラリッと晴れ上がっただけで、なにもかもが、大喜びしているではないか……と。自然は、人に、必ず、生きる喜びを教えてくれる。

5

真味《しんみ》は、ただ是《こ》れ淡《たん》なり

毎日を淡々と生きているのが、いちばんいい

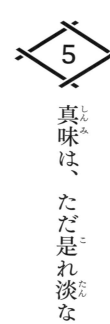

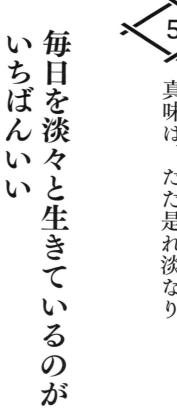

◆料理も人生も、シンプルな方が難しい

ギラギラ油ぎった肥《こ》えた肉も、激辛にまぶした魚も、まっ白に輝きわたった新米の味には、かなわない。

いろいろなお店で、ご馳走になる。それぞれ、腕を競って、素材に最適な味を工夫してくれている。まだ、未熟な料理人は、とかく、濃厚な美味ばかりを追求する。熟達した料理人は、各素材の美味にふかい探究をするが、もっとも神経を使うのは、最後に膳にのせる御飯の味だという。

真味は、ただ是れ淡なり

真の味というのは、くどいほどプラスされたこってりした味よりも、米やお茶のように淡い味の中にある。

どうだろう。あまりにも、近ごろでは、ふつうと異なったふるまいや姿をする人が、もてはやされてはいないか。

それはそれでよいとしても、至極平凡な生活をしている人が、それらをうらやましがったり真似たりする必要は、ない。ふつうで平凡な人ほど、真味の人である。

6

独り坐して心を観《かん》ず

毎夜、一人で静かに過ごす時間をつくる

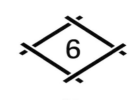

◆自分が本来持っている「安らかな心」を思い出せ

自分ができないことを、他人がやっていると、すごく、うらやましい。

他人から、自分の欠点や弱点を指摘されると、頭にくる。

たくさんの人から、なんとか、ほめてもらいたい。力もないくせに、あせる。

いつも、頭の中や、胸のうちをかけめぐる雑然とした心の動きが、自分の心だと思い詰めていた。

あるとき、先輩から坐禅をすすめられた。そのころ、禅とか仏教とかには、まったく、無関心であった。

夜がふけて静かになると、座布を敷いて、毎夜、三十分、坐禅をくんだ。坐禅は、宗教ではない、ただ、くめばいいんだ、と、先輩にいつもいわれた。

独り坐して心を観ず

いままで、自分が思っていた「自分の心」。まわりに引きずられて、ぐちゃぐちゃになって、こんがらがっている心が、だんだん、治まっていった。すると、腹の底の方から、おだやかで、安らかな自分の心が、どんどん、湧いてくるではないか。

7

田地は放ち得て寛《ひろ》きを要す

「どちらでもいい」という寛大な心を持つ

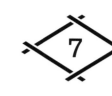

◆早くやるのもいい。が、ゆっくりやるのもいい

「なにグズグズしてるのよ。もっと、速く歩きなさい。ほら、なにやってんの。わき見をしないでよ」

お母さんは、頭を、ピシャリと打った。お母さんの心の中は、「早く、早く、とにかくグズグズじゃダメだ」という考えで、こりかたまってしまっている。

「グズ」と思うと、しゃくにさわる。けれど、「ゆっくり落ち着いている子だ」と子供の在り方を、広い心でみとめてやろうとすれば、子供のいい点、素敵なところが、どんどん見つけられるようになる。

母親だけではない。世の中のリーダーたちみんなが、「なにノロノロやってるんだ。さっさと早くやれ」と、イライラ、イライラしてのぼせ上がっている。

田地は放ち得て寛きを要す

「田地」とは、人の心。「放ち得て」とは、えり好みをしないこと。早くやることもいい。が、ゆっくりやるのもいい。どちらでもいいという寛大な心を持てば、いつも、不平や不満を抱かなくて、済む。寛大になれば、人のよさが、次々見つかる。

8

有余不尽《ゆうよふじん》の意思を留《とど》む

「ゆとりの心」が怒りと憎しみを消す

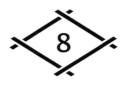

◆良寛さんに学ぶ「幸せな考え方」のコツ

良寛さんの五合庵に、ドロ棒が入った。ドロ棒は、なにかを盗もうとしたが、部屋の中には、なんにもなかった。

ドロ棒は、仕方なく、良寛さんが寝ていたフトンをはぎとって、逃げていった。

冬の月が光っていた。寒い寒い夜だった。良寛さんは、ガタガタふるえながら、窓の月を見た。

「ああ、よかった。窓の美しい月は、盗まれなかった」

そのとき、

盗人に　とり残されし　窓の月

と、俳句を読む。なんと、余裕のあることか。

有余不尽の意思を留む

「有余不尽の意思」とは、ゆとりの心。ゆったりとしたゆとりの心を持って生活すると、どんな意地悪をされても、相手を憎まず、許してやる気持ちが生まれる。ゆとりの心がないと、怒りが爆発する。怒り狂えば、自分がつぶれる。

9

父母兄弟の間《かん》愉《ゆ》色《しょく》婉《えん》言《げん》

おだやかな顔と、やさしい言葉をつねに保つ

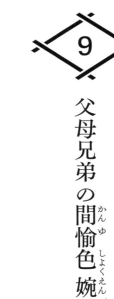

◆まわりの状況をどんなものにするかは、自分自身

自分の安らかで、楽しい生活環境は、けっして、まわりの人たちが、つくってくれるものではない。

いくらつつましい態度で、神さまに祈っても、どんなにていねいに合掌《がっしょう》して仏さまに頼んでも、それは、ほとんど効果が、ない。

自分の心の底にあるものが、まわりの状況を立ち上げていく。

自分の心の底に、生きている喜びがあれば、にこやかな顔に、なる。

自分の心の底に、光のような感謝があれば、「ありがとう」と、すぐにいえる。

まわりの世界は、自分の心が外に出て、どんどん広がって創造されていく。

お金がたくさんあって、みんなが仲よく楽しく生活している家もある。が、ごくわずか。または、皆無。さびしい。

父母兄弟の間愉色婉言

「愉色」とは、おだやかで和やかな顔。「婉言」とは、やさしい言葉。父母兄弟、夫婦姉妹が、もし、この二つの言葉を受け入れたら、そこに、天国と極楽がある。

10

悪を攻むるは太《はなは》だ厳《げん》なることなかれ

怒っても状況はなにも変わらない、と知る

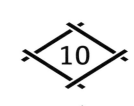

◆「あなたのためにきびしくしている」という有害な思い込み

「なんどいったら、わかるのかッ」

「また、同じ失敗をしたなッ」

「この間も注意をしたろう。あのときはハイといったじゃないか。一度ハイといったら、忘れずに、もっと、キチンとやれッ」

ひとたび怒り出すと、発言するにつれて、どんどん言葉がきびしくなっていく。

わたしたちが怒ったり、怒鳴ったりするのは、それによって、相手がよくなると思っているからだ。が、それは、とんでもない有害な思い込みだ。きびしく怒って、まわりの人や状況がよくなることは、ほとんど、ない。

悪を攻むるは太だ厳なることなかれ

他人の悪事や欠点を、なんとか責めて直してやろうとするのは、とてもよいことなのだ。ただ、その忠告や非難が、あまりきびしいのは、考えものだ。

たとえ、親切な心で忠告されても、きびしく怒られると、その指導を受け入れる余裕を失ってしまう。ただびくびくしながら、早く説教が終わるのを待つだけだ。

11

矜《きょう》高《こう》倨《きょ》傲《ごう》は客気《かつき》にあらざるは無し

人をあなどっていると、
すべてを失う

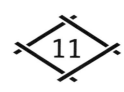

◆「自慢」「傲慢」「無礼」という小さな悪魔

だれにでも、心の底の方に、小さな悪魔が住んでいる。

小悪魔の根性は、すこぶる下品で、ちょッとお金持ちになったり、思わぬ名誉が入ってきたりすると、めまぐるしく動き出し、無礼なことを発言して、人をバカにする。

ちょっとでも、いいことがあると、すぐ人前で、自慢したくなる。「ああ、よかった」と思うと同時に、「どうだ、オレはすごいだろう」と、この悪魔が、威張りはじめる。「わたしは、すごいだろう」「オレは人とは違う」という気持ちがあるからこそ、人はつらい思いを克服して、努力し続けるのである。それは、よく、わかる。が、その威張りたい気持ちが、高まって、無遠慮に人をあなどってばかりいると、とんでもない事態が、起こる。だんだん、人から愛されなくなる。いい友だちが、消える。

矜高倨傲は客気にあらざるは無し

「矜高」とは、偉そうにふるまうこと。「倨傲」とは、人をバカにすること。「客気」とは頭に血がのぼっただけの、見せかけの気力。血気にはやって、人をあなどってばかりいると、たとえどんなにいい仕事をしても、その効は、黙って消える、……と。

12

軒冕《けんべん》の中《うち》に居《お》りては、
山林の気味無かるべからず

「野心」のために、
大事なものを見失わない

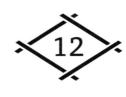

◆恵まれたときほど「山林の中で生活している」ような気持ちで

高級車の後部座席は、まあ、なんと居心地がよく、安らかで、豪壮なことか。なにをやるにしても負けず嫌い。でっかい野心を燃やして、出世と、金もうけのために、がむしゃらにやってきたのだ。

周囲の人たちからは、一目も二目も置かれてきた。地位もある。名誉もある。後部座席で、いい気になって、ふんぞり返るのは、当たり前のことだ。

ただ問題は、そのとき、頭の中で、なにを考えているのか、だ。それは、決まっている。現状には満足せず、さらなる発展とステップのため、あれこれと対策をねっているのである。

すでに、ストレスの多い立場にあるのに、さらにがむしゃらに働こうと、する。そして、ある日、突然、心臓疾患で、コロッと、倒れてしまう。

軒冕の中に居りては、山林の気味無かるべからず

「軒」とは、高位高官の乗る車、「冕」は名誉ある冠。きらびやかな冠をつけ、高級な車の中にいるときは、山林で生活しているような人の気持ちでいなさい……と。

13

過《あやま》ち無きは便《すなわ》ち是れ功なり

「なにごともなかった日」こそ「最高の一日」

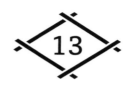

◆まわりの人に遅れをとって、なにが悪い？

同級生が、見事な研究をして、すばらしい賞をとった。それが、どうした。一向に「気にしない」。

友だちが、株の研究をして大当たり、すごいお金を手に入れた。それが、どうした。一向に「気にならんッ」。

いちいち、人のことを気にしていたら、世の中から、たくさんのストレスを毎日のように受け、まったく必要がないストレスを背負い込んで、つぶされてしまう。

まわりの人から遅れをとったって、いいではないか。セカセカ忙しく生きるより、マイペースで、十二分にゆとりを持って、のんびり、ゆったり生きていって、どこが悪いのであろう。

過ち無きは便ち是れ功なり

この世で生活していくにあたって、なにも大成功したり、晴れがましい功名をあげたりすることだけが人生の本質ではない。たいした過失もなく、ふつうに一生を暮らせれば、それこそ愛すべき功名な人生なのだ。ふつうに生きる。これが最良最上だ。

14

聡明《そうめい》の人は宜《よろ》しく斂蔵《れんぞう》すべし

エゴイストには、思いもよらない禍が待つ

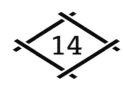

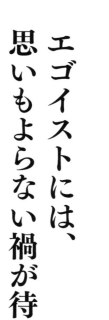

◆「勝つこと」以上に価値あるものに気づく

「勉強しなさい」

「もっとがんばって、一ランク上の大学を目指せ」

こういう方法で、頭のよい子が、育つ。競争社会で、なんとか、生き残って、少しでも豊かな生活をするには、どうしたって、人に負けるような子供では、困る。

まず、成績によって、友だちと闘う。友だちより抜きん出ようとすれば、どうしたって、心底からの友情は、持ち得ない。

勝って、勝って、勝ち抜いて、社会に出る。と、そこに圧倒的に強い立場が用意されている。勝ち抜く。絶対負けない。いつしか思いやるやさしさを一つも持たない、強烈なエゴイストが生まれる。

聡明の人は宜しく斂蔵すべし

「斂」とは、とり上げること、なくしてしまうこと。いかに知識を詰め込んでいても、まわりに見せびらかしていると、人から憎まれ軽蔑されて、思いもよらない禍が身に迫ってくる……と。エリートの定年退職後は、ことに、要注意。

15

静《せい》を守りて後《のち》に、動を好むの労《ろう》に過ぐるを知る

仕事に〝忙殺〟されている愚かさに気づく

◆「みんなと一緒に笑えない人」は、不幸な人

みんながゲラゲラ笑いこけているのに、まったく笑わない人が、いる。そういう人が、近ごろ、だんだん、多くなっている。

あの人は、どうして、笑わないのだろう。ふしぎに思って調べると、決まって、極端に、忙しく働いている。さらに、ふしぎなことは、あんなにも忙しく働きまわっているのに、自分は、けっして、せわしい毎日を送っているとは、思っていない。

笑わないということは、実は、恐ろしいことなのだ。ガンも心筋梗塞も、脳梗塞も、笑わない人に起こりやすい。笑わないと脳の中のβ－エンドルフィンが、どんどん少なくなってしまうからだ。まず、自分が働きすぎていることに、気づこう。

静を守りて後に、動を好むの労に過ぐるを知る

菜根譚では、いう。「しばらく静かな場所で安らかにしていると、仕事ばかりを追いかけまわして、あくせくしている自分に初めて気がつく」と。

みんなが笑っているとき、笑えない。それは、とても、恥ずかしいこと。笑えない人は、怒鳴ったり、わめいたりすることしかできないのだから……。

2章

欲やお金から「一歩」距離をおく

——10の言葉

16

一歩を退《しりぞ》くの法を知るべし

相手に謝ってほしかったら、自分から謝る

◆「一歩退く」ことで前進できることがある

ある友は、熱烈な恋愛をして、結婚。美男と美女。みんなから、拍手をされた。わたしも、とても、うらやましく思っていた。

結婚して二十年。どこで、どんな歯車が狂ってまわってしまったのか。十年ほど前から、二人は、きわめて険悪な仲となった。

酒をくみかわしながら、友は、妻の文句を、くどいほど、わたしに告げた。そして、挙句の果てには、もう、離婚しかないと泣き出した。わたしは、こういった。

「奥さんは、なんにも悪いところはない。あんなにヒステリックにしてしまったのは、百パーセント、君の責任だ。君は女性の気持ちがなんにもわかってない。今夜家に帰ったら、両手をついて、悪かったのは、オレだ。ゴメン、と、低頭しろ」

と、ケンカごしにきびしくいった。酒の勢いもあって、かれは、実行した。奥さんは、びっくりして、それからは、とてもやさしくしてくれた。これは、実話だ。

一歩を退くの法を知るべし

相手に謝ってほしかったら、こちらから謝る。「一歩を退く」とは、それだ。

17

正気《せいき》を留めて、天地に還《かえ》せ

たまには、一切なにも考えない時間を持つ

◆意志とか、やる気とか、そんなもの、捨ててみると……

自分には、考えがある。自分には、意志がある。自分には、やる気がある。そういうふうに人間中心に生活しているうちに、自分と自然が分離してしまう。自分が自然のほんの一部であったことを、スッカリ忘れてしまう。

たまには、一切なにも考えない時を持ったら、どうか。自分の意志とか、やる気とか、そんなものを、ポイと捨てたら、どうか。その瞬間、鼻から出入りしている呼吸が止まってしまうだろうか。

自分の「考え」なんかで、生きているのではない。オギャーと生まれてから今日まで、「呼吸」で生きていたのだ。そう気がつけば、自分は、いつも、自然と一体になって生き続けてきたことが、よく、わかる。生命とは、呼吸である。

正気を留めて、天地に還せ

「正気を留めて」とは、坐禅でもくんで静かな心になって、「天地に還せ」とは、大自然の生命の尊さを、ふり返ってみよ、と。考えが大事なことは、わかりきっている。が、朝から晩まで、毎日毎日考え続けてばかりいたら、自然から見捨てられる。

18

心《しん》伏《ぷく》すれば、群《ぐん》魔《ま》退《しりぞ》く

「自分本位」を捨てれば、すべてが好転する

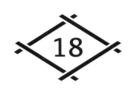

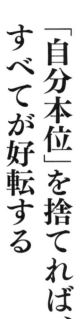

◆自分の中にある「エゴの魔」をどう克服するか

「まったく、どうして、そうやって気分の悪いことばかり、クドクドいうのか」

あんなに好きで結婚したのに、会話をしはじめると、すぐ、ケンカごしになってしまう。恋愛時代には、ほとんどギクシャクすることはなく、スムーズなつき合いをしていたのに、なぜだろう。

原因は、すこぶる簡単だ。恋愛時代は、自分のことよりも、相手のことを大事に思っていた。自分が喜ぶより、相手が喜んでくれる方が、よっぽど、うれしかった。

女性は、自分のことばかりしか考えていない男からは、遠ざかって行く。まず男性が、自分の心から湧き立つエゴの魔を降伏《ごうぶく》しなくては、女性からは、やさしくしてもらえない。

心伏すれば、群魔退く

「心伏すれば」とは、自分本位の気持ちを捨てること。「群魔退く」とは、深刻なピンチがなくなる意。相手が悪魔のように怒ってきたら、自分の心の中にあるエゴを降伏させる。自我を捨てて、すみやかに相手を思いやる。すぐ、和解が成立する。

19

浪静《なみしず》かなる中に、人生の真境《しんきょう》を見る

「お金」から一歩離れると、人生の楽しみ方がわかる

◆おもしろい人生とつまらない人生――その分岐点

おい、そつと
そつと
しづかに
梅の匂ひだ

山村暮鳥《ぼちょう》の名詩だ。梅の花が放つ香りは、甘くて、うまくて、さわやかで、人の心までつつみ込む。が、早く、早くと、世の中をかけずりまわっていては、梅の花の香りのすばらしさを知ることはできない。「そっと、そっと、静かに」……。

浪静かなる中に、人生の真境を見る

多忙な毎日を送っていると、お金を稼ぐことだけが、人生の楽しみとなりがちだ。たまには、のんびりと、ゆったりと、静かな時を持つ。すると、人生とは、お金のほかに、取っても、取っても、尽きることのない楽しみの宝庫であることが、ハッキリとわかる。その宝庫のふたをあけて、ギッシリ詰まった自然の楽しみを、ゆたかに味わっていくのが、真の人生だ。

20

人々に個の大慈悲あり

「人に手を差し伸べる人」になる

◆「大慈悲」の力で人生は一気によくなる

「わたし、このごろ生きる自信を失ったみたい」

「とんでもない。あなたみたいに素敵な人が、生きる自信がないなんて……。あなたが、自信がないというなら、きっと、世界の人みんなが、生きる自信がないというと思うよ」

と、快活に笑って、両肩に手をやさしく置いて、

「大丈夫！」

といわれた女性が、なぜか、自分に自信を持った、という。ニッコリ笑うことこそ、愛の光である。相手を抱きかかえるくらい、大きな愛で励ましてやれば、笑顔一つで、相手に勇気を与えられる。

人々に個の大慈悲あり

「大慈悲」とは、万人に対する愛の心である。他人をあわれみ、他人をなぐさめ、他人をいつくしみながら美しく笑う力は、だれでも、生まれながら、持っている。この大慈悲の愛の力を発揮すれば、あなたの人生は、一気によくなる。

21

心多きより禍《わざわい》なるは莫《な》し

「欲望」と「期待」の渦に飲み込まれない

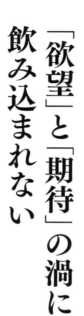

◆人生は、なるべく心を空ッぽにして歩く

「ああしたい」「こうしたい」「ああしてほしい」「こうしてほしい」「ああすべきだ」「こうすべきだ」。

ほとんどの人の頭の中に、こうした自己中心の欲望と期待が、渦巻く。クルクルクルクルこの渦巻きの毎日を経験しながら、どんどん自分の欲望と期待がふくらんで、重い荷物となって、のしかかってくる。

心多きより禍なるは莫し

「心多き」とは、欲望と期待が、あまりにも多すぎること。すると、頭で、あれこれ考えることしか、できなくなる。一歩踏み出すことが、できなくなる。実践力が、不足してくる。

一見、どんな困難なことに思えても、とにかく、重たい足を持ち上げて、ドスンと踏み出す。ドスンドスンと、一歩、二歩、三歩と踏み出していけば、いつの間にか、心が軽くなる。「禍なるは莫し」、つまり、エゴの欲望と期待を多く持つくらい、不幸で災難なことは、この世にない。人生はなるべく心を空ッぽにして、歩く。

22

人に功あらば、念《おも》うべからず

お世話や親切は〝しっぱなし〟でいい

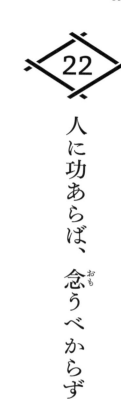

◆「お返し」を当てにするなら最初からするな

「あんなにお世話したのに、ありがとうともいわないの」

「あんなに骨折って手伝ったのに、なんのお礼もこないんだ。けしからん」

　こちらが、精一杯努力をして面倒を見たのに、相手の反応が、まったくない。それどころか、逆に、文句めいた不満がはね返ってくることだって、ある。

　世の中ッて、うっかりすると、世話を受けた人よりも、世話をしている方が、心おだやかでない場合が、多い。すると、お世話をしたり、お手伝いをした方が、挙句の果てに、不愉快になってしまっているのだ。

人に功あらば、念うべからず

　なかなか、味のある言葉だ。「人に功あらば」の「功」とは、骨折って尽力する意。人のために、一生懸命お世話をしても、けっして、その報酬や感謝の心を当てにしてはいけない。「念」とは、自分の頭に置くことだ。お世話や親切は、しっ放しにすること。親切を目一杯したのに、もし、「ありがとう」の一言もなかったら、こんな情けないことはないから……。

23

一《いち》善言《ぜんげん》を聞く

たくさんの知識より、とびきりの言葉を一つ持つ

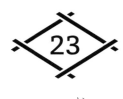

◆釈迦もキリストも、同じ空気を吸って生きていた

人間は、知ることが大切だ。が、むやみにインターネットなどから、情報や知識を引き寄せていると、カラカラにかわいたノドが、次から次へ水を求めるように、情報や知識を追いかけるのが、生きがいのようになる。そのうち、情報や知識と現実とは、いささか違うということが、わからなくなる。これは、危険だ。

実は、自分の人格を向上させていくために、知識や情報は、それほど、いらない。自分づくりというものは、自分でさんざん経験して、苦労して、失敗して、工夫して、自分自身で、悟っていくことだ。そのときに必要なのは、たくさんの知識ではない。たった、一つの、すばらしい言葉だ。

一善言を聞く

現代の人でも、古人でもよい。自分の胸をつよく打ったすばらしい言葉一つを、心に秘めて生きていく。

「釈迦もキリストも、同じ空気を吸って生きていた」(正宗白鳥《まさむねはくちょう》)。こんな一言でも、いつも、これを原点にして、世間を見つめていると、グーッと、気が大きくなる。

24

倹《けん》なる者の貧《ひん》にして余りあり

すぐに「求める」から、いつも「不足がち」になる

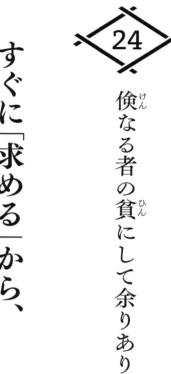

◆「奢る者は、富みて足らず」という教え

カネが、入る。すぐ、使いたくなる。カネが、貯まる。もっと、もっと、高級車に乗りたくなる。カネが、ごっそり、入った。よし、大豪邸に住むか。

奢《おご》る者は、富みて足らず

華美な生活を、求め出すと、際限が、なくなる。どれだけ稼ぎ、どれだけ富んでも、欲望という魔物に食いあらされて、つねに、不足がちとなる。

この言葉に続けて、菜根譚は、

倹なる者の貧にして余りあり

と、続いてくる。

たとえ貧しくても、なにごとにつけても、つつましく、控え目で、なおかつ、生活の中に、シッカリと楽しみを見つけて生きている人が、いる。山辺や田畑の多いところで、そんな人の姿を見ると、仏さまを拝見するようで、知らず知らず、合掌してしまう。貧しさとは、不安なことではない。費用を切り詰め、楽しみを見つけ、仲よく生きれば、最尊、最上の人生だ。

25

人心に、一部の真鼓吹《しんこすい》あり

「自然の音」を聞き入れる余裕を持つ

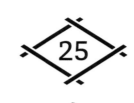

◆そのとき、自分が自然と一体だという事実に気づく

なるほど、風の音が、こんなにも自分の心をなぐさめてくれるとは、夢にも、思ったことがなかった。いつも登っている裏山は、新鮮に輝く若葉で、いっぱいになった。少しつよい海の風が、グルッと大きく抱きかかえるように、若葉に迫って、そっと抜けるとき、サワサワと、それは、快い音だ。この音の中に、しばし坐っていると、生きていてうれしい、楽しい、ありがたい……と、感じてきた。思わず、「わたしは、自然とともに、生きているんだ。ありがとう」と、柏《かしわ》の大木に手をかけた。

人心に、一部の真鼓吹あり

「人心に」とは、人の心の中に、「一部」とは、ある部分に、「真鼓吹」とは、立派で完全な音楽、つまり、自然の音。いくら、せわしく、苦しいときでも、自分の心の中に、ちょっとでも、風の音や、波の音や、虫の音《ね》や、葉ずれの音を聞き入れる余裕が欲しい……と。

そのとき、自分が自然と一体となって生きている事実に、ふと、気がつく。いつの間にか、心が、おだやかになって、いる。

3章

「自分」を上手にコントロールする
——15の言葉

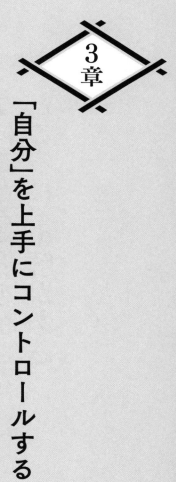

26

直《ちょく》にして、矯《きょう》に過ぎず

なにごとも「度を超さない」ところに、正解がある

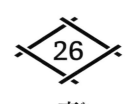

◆甘いものは、うまい。でも甘すぎると、まずい

正直で、まじめで、一点も欠点を持たない。そんな人が、他人に激しい口調で、注意している。

聞いている方は、注意してくれていることは、たしかに、まちがってはいないと、思う。思ってはいるが、あまり激しくいわれると、それを受け入れるどころか、つらくて、顔をしかめることになる。

そうなってしまうと、いくら、正直で、潔白な意見も、無駄で、無意味なものになってしまう。そればかりか、心を通わせる人間関係が、難しくなってしまう。

直にして、矯に過ぎず

まじめで、正直なことを、「直」という。「矯」とは、弓をひいて、矢を、まっすぐに放つことだ。自分がつよくたかぶって、相手を、つよく責めたてることだ。

世の中、たとえ、いいことであっても、正しいことであっても、なるたけ、度を越さないように、いきすぎないように、注意することが、肝心だ。甘いものは、うまい。甘すぎると、まずい。ピリッと辛いのは、いける。辛すぎると、食べられない。

27

寥落《りょうらく》に当るも、
奈何《いかん》ぞ輒《すなわ》ちみずから廃弛《はいし》せんや

「落ち込む」のはいいが、
「投げやり」にならない

◆誰の人生も「いいこと」「悪いこと」の連続

汗かいて、力のかぎり、自分の限界を、はるかに超えて、努力を重ね続けてきたのに、思いもかけない、おかしい結果が生まれ、大失敗に、終わった。

くたびれた。もう、ダメだ。自分のどこがおかしかったのか。努力のあとを、ふり返って、反省する力も、失った。もう、立ち上がれない。

そんなときには、立ち止まって、ゆっくりと、休む。生活を休む。人生を休む。ただ、ぼんやりと、大空を飛ぶ白雲を、眺める。山を眺める。海の波の音を聞く。少し落ち着いたら、日常の中で、好きなことをやる。ポチポチ、好きなことを見つける。

寥落に当るも、奈何ぞ輒ちみずから廃弛せんや

「寥落」とは、失敗をして、さびしく困り果てる。「廃弛」とは、投げやりになって、狂ってしまうこと。

人生は、うまくいった、うまくいかなかった、の連続だ。この二つが、あやになって発展していく。菜根譚は、いう。人間というもの、万一、どんなに困窮し、ドン底に突き落とされても、けっして、投げやりになって、人生を狂わしてはならぬ……と。

28

死を起《おこ》して生を回《かえ》す

「終わり」を意識すると「いま」が充実する

◆「死を覚悟する」のは、とても前向きなこと

ずいぶん、長く生きてきた。これからも、ずいぶん、そのまま、生きられる。おっと、どっこい、そうはいかない。運が悪けりゃ、明日、ひょっこり死んでしまうかも知れない。

たとえ、すでに、三十年、四十年、五十年生きてきたのに、いままで、長く生きていたと思うか。違う。アッという間だった。だから、今後、三十年、四十年、五十年生きられたとて、ふり返れば、アッという瞬間にしか感じられない。

いや、わたしは、大丈夫、きっと、長生きしてみせる。そう自信を持つのは、けっして、悪いことじゃないんだ。ただ、そう思って生活していると、一日が、それほど輝かない。

死を起して生を回す

「死を起す」とは、人は、だれでも、はかなく死ぬ……という気持ちを、つねに心に思う。すると「生を回す」とは、今日一日生きている魅力が、驚くほどわかる。

だれでも、死ぬ。と、クイッと心にたたみ込めば、いまが、明るく軽くなる。

29

静《せい》中《ちゅう》の念《ねん》慮《りょ》澄《ちょう》徹《てつ》なれば、心の真《しん》体《たい》を見る

カッとなったら、まず「体を落ち着ける」

◆自分を省みる、とはこういうこと

なんておもしろくねェんだ。頭に血がカーッと、上る。

すると、相手の欠点、弱点、悪い点が、じゃんじゃん、ハッキリ、見えてくる。

が、実は、頭にきた相手も、こちらの欠点、弱点、悪い点を、シッカリと見抜いてくる。おたがいに、唯一のパートナーであったのに、二人の間にあった信頼感は、いっぺんに、ふっ飛ぶ。

そんなとき、坐禅でもくんで、体を静かにする。静坐して、しばらく、安らかにしてみる。体がゆったりと落ち着いてくれば、澄みきった考えで、自分の心の中の本当の姿を、見極めることができる。ついには、自分の欠点にも、ふかく、気づく。

静中の念慮澄徹なれば、心の真体を見る

体を静かに保つと、「念慮澄徹」、水面がぴたりと澄んで、鏡のようになる。心の波が収まれば、その結果、自分自身の欠点、弱点、悪い点、いたらなかった点が、水面にクッキリと、浮かんでくる。ああ、悪かったのは、こっちだったと、気づけば、こちらから「ゴメン」といえる。そうッといたわってあげる気持ちも、生まれる。

30

動処《どうしょ》に静にし得《え》来たり

いつでも笑っていられるのが〝本当にすごい人〟

◆人は、ピンチのときほど真価が問われる

山の奥の、小さな坐禅堂で、一人、静かに、坐っている。三日、四日とそうしていると、まことに、心が澄みわたって、安らかになる。

バスに乗って、帰り道、町中を通ると、騒がしくなる。と、自分の心も、あっという間に、ゴチャゴチャしてくる。

静かなところに坐っていたときの、まっさらな気持ちをすぐ、忘れる。

動処に静にし得来たり

「動処」とは、騒がしいところ。「静にし得来たり」とは、心を静かにしていられるようになった……と。すばらしい。

順調で、安楽なときには、簡単に、心を休めることができる。だれもが望むのは、逆境のとき、あれこれと騒々しい中でも、心を静かに、保っていることなのだ。人の世を送っていくとき、とても大事なことは、ピンチのときに、冷静を装っていられるかどうかだ。でも、どんな危機の状況にあっても、つねにおだやかに、怒鳴ったりせず、笑顔を忘れない人が、この世にいるという事実が、すごい。

31

人の小過を責めず

他人のちっぽけな過失をとがめない

◆相手を追い詰めるのは、得策とはいえない

「なに、会計をして、レジのそばに置いた肉を、忘れてきたのかッ。お前は、どうして、そうだらしがないんだ。ぼーッと生活しているから、そうなるんだ。もっと、シッカリやれッ」

たった、二百グラムの肉だ。千円するかどうかだ。でも、会計し終わったものを、その場に置き忘れてきたことが、どうしても、許せない。

人の小過を責めず

人の小さな過失は、とがめては、いけない、ということだ。小さなことで、相手をとがめると、「なにさ、こんなことで、ぶうぶういわないでよ」と、注意してやったのに、うらまれることになる。

相手を喜ばせて、いっしょに楽しく生活していきたいなら、ちっぽけな過失や失敗について、神経質にとがめるのは、あまり得策とは、いえない。

過失をとがめる前に、相手をよく見てやることだ。相手だって、こちらから注意する前に、「失敗しちゃったあ」という反省の表情をしているではないか。

32

清を濁《だく》に寓《ぐう》す

世の中はきれいごとではない、と知る

◆清濁併せ呑むのが大人の品格

「オレには、すぐれた才能がある」「オレの心は、潔白だ」と、ゆたかな知識や、清らかな心を、宝物として、いつも、胸に抱きしめて生きている人が、いる。

ほとんどの他人は、かれが、どれほどすばらしい才能を持っているものか、いかほど美しく清らかな心を持っている人か、まったく、感じていない。

それどころか、いつも、一人だけで、すまし込んで、俗っぽい、みんなの楽しい世界に入ってこないことを、とても、歯がゆく思っている。

清を濁に寓す

「寓す」とは、よりどころにする、とか、そこに住む、という意味。

たとえ、いくらすぐれた才能を持っていても、それを隠すようにして、自分は、みんなよりも、劣っているようにする方がよい。すると、別に学問はしなくても、一般の実践の生活から得た、思わぬ貴重な知恵を、ごくふつうの人たちから、たくさん、教えていただけるのだ。清らかで潔白な心の持ち主が、濁流《だくりゅう》に身を投げ入れれば、やがて、自分の人格を、清濁併せ呑む大人格に、伸ばすことができる。

33

独《どっ》行《こう》の者は、恒《こう》久《きゅう》の操《そう》にあらず

あいさつのできない人は「なにもできない人」

◆「独立独歩」の人を目指さないこと

「おはようございます」

裏山で、通りかかった人には、なるたけ、声をかけるようにしている。夫婦で散歩している場合、ほとんど、夫は、「おはよう」とだけ返してくれる。婦人は、笑顔で、

「おはよう。今日は、いい天気で、気持ちがいいですね」

と、一言、加えてくれる。

男が、一人で歩いている。「おはよう」と声をかけたのが、きっかけで、十分や二十分、楽しく、話が、はずむ。たまたま、一人で歩いている男で、なんとも応答せず、こちらを無視して、平気で通りすぎる人がいる。そのとき、ふと、「ああ、この人の山の散歩は、あまり続かないな」と、感じる。事実、二、三日と、続かない。

独行の者は、恒久の操にあらず

独立独歩の人は、一見魅力があるように思える。「恒久の操にあらず」とは、「永続きする性格ではない」……と。さりげなく人と接しなくては、なにもできない。

34

己《おのれ》の長《ちょう》を以《も》って、
人の短《たん》を形《あらわ》すことなかれ

ちょっとした一言が、
人を一生苦しめることもある

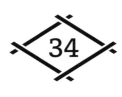

◆人をほめれば、自分も成長できる

たくさんの人がいる前で、

「お前は、どうして、そうバカなことをしでかすんだ。お前みたいな粗忽《そこつ》なやつは、見たことがない」

と、怒鳴る。相手の心に、グサリと、突きささる。言葉のエネルギーは、ものすごく、つよい。その一言が、一生、相手を苦しめることだってある。

人の欠点や失敗を、人前であばく者は、偉ぶっている。まわりの人は、だれも、偉いとは思っていないのに、自分だけ、勝手に偉いと思っている小心者だ。心のひどく狭い者だ。

己の長を以って、人の短を形すことなかれ

「己の長を以って」つまり、自分は優秀だ、偉大だと勘違いをして、他人の弱点や失敗を、人の前にさらけ出すようなことは、けっしてしてはならない……と。

人をけなし、バカにしていると、いつの間にか、自分の能力や体力が失われてしまう。人をほめれば、自分は伸びる。人を軽蔑すれば、ネガティブな人生となる。

35

悻々《こうこう》として自《みずか》ら好《よ》しとする人を見れば、
応《まさ》に須《すべか》らく口を防《ふさ》ぐべし

自分の考えを押しつける人に心を開かない

◆幸福度は「どこにいるか」より「だれといるか」で決まる

気の合う人と、楽しくおしゃべりをする。おもしろくて、ときどき、二人で笑いこける。人生を幸福に過ごそうとするなら、気の合った人といっしょに笑う時間を、たくさん持てば、どんどん、おいしい人生が開けていく。

せっかく、仲よくしようとしても、自分ばかりいい気になって、得意満面でいつもこちらを見下して、自分の考えだけを押しつけようとする人と話していると、イライラしてくるばかりだ。周囲に、こんな人ばかりいると、せっかく築き上げた幸福も、あッという間に、半減する。

悻々として自ら好しとする人を見れば、応に須らく口を防ぐべし

「悻々として」とは、さからって、すぐ怒る……という意味。

こちらが、ちょッと、自分の考えをいうと、「それは違う」と怒ったような口調で、自分の考えを押しつけ、自分の判断だけがいつも正しいと思っている人とは、「口を防ぐべし」で、口をふさいで話をしない方がよろしい……と。

そんなわがままな人に、正直に心中を打ち明けても、得るものは、一つもない。

36

念頭喫緊《ねんとうきつきん》の時、放下《ほうげ》を知るを要す

ユウウツなときは、感情をぱッッと手放してみる

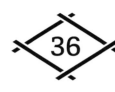

◆わたしが「大の飛行機嫌い」を克服できたわけ

人生、心のバランスをとることぐらい、大切で、難しいものはない。

心のバランスは、なにも、自分が勝手にくずそうと思ってはいないのに、ふと、嫌なことに出会うと、心の中に不愉快な雲が、ムラムラ、湧き立つ。

飛行機は、かつて、大嫌いだった。が、鹿児島や沖縄や北海道に行くためには、利用しないわけには、いかない。乗る前日から、ふかいユウウツに襲われ、健康まで害された。が、あるとき、待てよ、と、思った。飛行機があるから、二日、三日とかかるところを、二、三時間で飛んでいける。だから、日帰りでも、仕事ができる。ありがたいことだ。なんと、それだけで、飛行機が、だんだん好きになった。

念頭喫緊の時、放下を知るを要す

「念頭喫緊の時」とは、ひどく緊張してひどくユウウツなときだ。そんなときには、「嫌だ、面白くない」という自分を害する気持ちを、「放下」、捨てることだ。

安らかで、平和な心で生活していても、ちょッぴり、「嫌い」という気持ちが、心に流れ込むと、あっという間にふくらんで、ストレスが高まる。

37

徳は才の主《しゅ》にして、才は徳の奴《ど》なり

自分一人の力など、たかが知れている

◆「徳」を失うと、心が行き詰まる

才能のすぐれた人は、とかく、眉間にシワを寄せて、暗い。才智がすぐれ、かつ、ユーモアに富んで、明るい人も、いるにはいる。しかし、まれだ。

行きすぎた才能を、若いときから、詰め込まれると、あれこれと、心配がとまらなくなる。自分の力で、すべてを解決しないと、気が済まなくなるからだ。

「徳」とは、人を思いやる心である。人を愛する気持ちである。いつも、人をやさしく思いやっていると、ふしぎと、生きる元気が湧いてくる。どこにいても、まず、人を愛する態度をとっていると、たとえば、一瞬、暗くなった人生も、ほっと、明るくなる。心配が、いくら襲ってきても、「どうにかなるさ」と、運命が信じられる。

徳は才の主にして、才は徳の奴なり

今日、「徳」の教育の大切さを理解している人は、何人も、いない。才能の教育が、まず、人間の権利だと、思っている人がほとんどだ。人間が「徳」を失ったら、社会は、暗く、心は行き詰まるばかりである。才能の教育も大事だが、それより、もっと、主要なものは、「徳」の教育ではないか、と、菜根譚は、主張する。

38

剛腸《ごうちょう》を動かすことなかれ

相手の「無礼」に振りまわされない

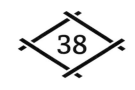

◆「悪い縁が切れてよかった」という考え方

人の世は、ものの見方一つで、びっくりするくらい、変化する。

同じ現象を見るにも、静かな心で見るか、激怒して見るかで、天国と、地獄になる。

こちらでは、できるだけのことをしてさし上げて、思いやっていたのに、突然、ギャアギャアわめいて、「もう、交際は、打ち切ります」と、電話がくる。

「ありがとう」の一言もいわないで、恩を仇《あだ》で返される。「なにをいうかッ……」

このとき、堪忍《かんにん》ぶくろの緒が切れたら、怒りをおさえて、相手の無礼を許すことが、できなくなる。こちらも鬼のようになって、ののしり騒いで、批判を浴びせる。血圧がグングン上がって、危険だ。

静かで、おとなしい心でいられれば、「ああ、よかった。こちらから切りたかったのに、相手から逃げていった。悪い縁が、一つ、切れてよかった」と、なる。

剛腸を動かすことなかれ

「剛腸」とは、冷静で、人にけっして動かされない心。親切でやさしい人が、時によって、相手の無礼に踊らされて、暴言暴挙に出てしまうことが、ある。

39

在《あ》るに随《したが》いて皆青山緑樹《みなせいざんりょくじゅ》なり

物事をなんでも「頭の中」に閉じ込めない

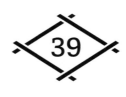

◆「理屈」から離れると、自由自在になれる

自分のいのちは、いつ、どこで、成り立ったか。

その事実を、とことん、考えてみる。と、そこには、なんの理屈も、なかった。いま、毎日のように、自分の頭にかけめぐっている理屈、議論、価値観など、そこには、ちょッぴりも、存在しなかった。自分は、いままで、人生のすべてを、その頭の中に閉じ込めて、いいの悪いの、損の得のと、悩み苦しんできた。

たまには、その頭の働きを、そッと、止めてみたら、いい。止めることができないなら、少し、減らしてみると、いい。

すると、なんの飾り気もない、あるがままの世界が、ひらけてくる。花が、咲いたら、美しい。花が散ったら、さびしい。ただ、自然のままのいのちの世界が、現れてくる。そのとき、理屈から離れた安らかで、明澄《めいちょう》な本来の自分が、復活する。

在るに随いて皆青山緑樹なり

人は、頭で理屈をこねなければ、かえって、どこにいても（在るに随いて）、山樹の緑のように、自由自在に、輝いて生きることが、できるのだ。

40

寵辱《ちょうじょく》驚かず

優越感にも、劣等感にも、踊らされない

◆すべては、運命のままに、ただ受け入れる

「寵」とは、尊い名誉をもらって、あがめられ、ほめられること。「辱」とは、恥辱を受ける、はずかしめられること。名誉をもらって、人から尊敬されても、失敗をして、人からはずかしめられても、そのようなことに、けっして、心を驚かし、冷静さを失っては、いけない。名誉をもらって、ありがとうと、喜ぶのは、よい。それだけなら、害はない。そのあと、胸を張り、他人をバカにしたり、軽視したりして、威張りだすのが、はなはだ、よろしくない。人は、威張ったとたん、成長が、止まる。失敗をして、人から恥辱を受けたとき、自分の行動の欠点や弱点を、ふかく反省するのは、よい。それだけなら、なんの害もないどころか、有効である。ただ、そのとき、ああ、自分はダメなやつだと人生に見切りをつけ、ひどい劣等感に襲われては、困る。人は、劣等感を抱くと、再起不能となる。

人生、あまりにもいい気になって、鼻を高くしたり、逆に、すっかり頭をしおたれたりして、投げやりになることが、いちばん、悪い。すべては、運命のままに、ただ受け入れる。

4章

生き方をシンプルに変える

——15の言葉

41

胸中既《すで》に半点《はんてん》の物欲無ければ、
已《すで》に雪の爐《ろ》焔《えん》に消ゆ

「ありがとう」というと苦悩が消える

◆「あなたの生命はあと半年」と宣言されたら……

「あなたの生命は、あと、半年だ」

こう宣言されたら、ほとんどの人が、「どうしよう」とか、「死ぬのは、こわい」と、迷い、悩む。当然のことだ。ただ、そのとき、半年ではなく、一年とか二年とか、もっと、もっと、長生きしたい。こういう欲を持つと、とたんに、もっと迷い、もっと苦しむ。少しでも、長生きしたい、という欲は捨てて、この世に生まれたことを、「ありがとう」と、感謝する。自分が生きるために、牛肉や豚肉や野菜のいのちを、毎日毎日食べてきた。「牛さん、豚さん、野菜さん、ありがとう」。生まれてから、今日まで、ずいぶんたくさんの人のお世話になった。「お父さん、お母さん、友だちのみなさん、ありがとう」。感謝をすると、欲が消える。欲が消えれば、苦悩も消える。迷わず、いまで十分と思う。

胸中既に半点の物欲無ければ、已に雪の爐焰に消ゆ

「胸中」は自分の心の中に、「半点」、ちょッぴりでも欲望がなければ、一切の苦悩は、「雪の爐焰に消ゆ」、雪が、ストーブの上に舞い落ちたように、サッと、消える。

42

独往《どくおう》の時、山川《さんせん》おのずから相映発《あいえいはつ》す

迷ったら「独り歩き」をしてみる

◆心配しなくても、自ずと道は見えてくる

ときに、自分自身の中にある、「どうしたらいいかわからない」気持ちを、ポイと捨ててみる。捨てると、かえって、「どうしたらいいか」が、湧くように、自然とわかるものだ。

新しい仕事がやってきた。この仕事を受けたらいいか、どうか、わからない。ふと出会った気の合った女性と、つき合った方がいいのか、どうか。迷ったら、捨ててみる。とはいっても……。

「捨てる」……。実際、そんなことが、簡単にできるか。できない。捨てれば、わかる。が、捨てられない。

迷いの中に入ったら、一人で田舎めいた、さびしい自然の風景の中を、ひたすら、ぶらぶら歩いてみる。

独往の時、山川おのずから相映発す

田舎の山川の美しいところを、独り歩きすると、「相映発す」、自然の清らかで、素朴な心が、自分の心にうつってきて、適当な選択の心を与えてくれる……と。

43

執相《しつそう》は真《しん》にあらず

「自分」以外のなにものにもなろうとしない

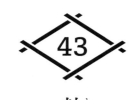

◆自分の中にもともとある価値に気づく

わたしたちのほとんどは、つねに、金持ちになり、名をあげて、少しでも、利口になりたいと、朝に夕に、がんばり、闘っている。なんとか、人より、抜きん出たいと、激しい野心が、燃えさかる。

わたしは、君より、お金持ちになりたい。君は、わたしより、利口になりたい。かれは、あなたより、名誉をあげたい、と。そうして、努力したり、競争したりするのは、若いうちは、生きがいともなる。が、年とともに、まわりばかりを気にして、本来の自分以外のものに、なろうなろうとばかりして、自分自身を正しく見つめることが、できなくなる。わたし自身のすばらしさに、すっかり気がつかない愚かものに、なってしまう。

執相は真にあらず

「執相」とは、まだ自分の手に入っていないものを、懸命に欲しがり続けることである。「真にあらず」とは、地位やお金や知識を求めてばかりいると、自分の本来からある、真の価値を見失う……と。真の価値とは、いま生きていることだ。

44

ただ現在の随縁《ずいえん》を将《もつ》て打発《だはつ》す

「縁の力」を信じて、それにしたがう

◆無理せずに生きる——これが悩まないコツ

人によって、時によって、それぞれだけれど、ほとんどの場合、悩みのトップは、愛情の問題だ。男と女の愛情の問題、両親と子供の愛情の問題、社会生活の中で起こる愛情の問題。愛されるべき人から、冷たくあつかわれる。「さあ、どうしよう」。

ことによると、愛情よりも、「経済」の問題にからむ悩みが強い人も、いる。なんとか、お金をもっと手にしたいが、なかなかうまくいかない。「さあ、どうしよう」。

ちょッと、年が寄ると、愛情よりも、経済よりも、「健康」の悩みが、つよくなる。血圧が、高い。血糖値が、思わしくない。「さあ、どうしよう」。

ただ現在の随縁を将て打発す

「随縁」の「縁」とは、目には見えない間接的な力の働きをいう。つまり、この力は、自分が「そうしよう」とか「そうしたくない」とか思っても、関係なくある結果を出してしまう大きな自然の力だ。その縁の力に「随《したが》っ」て、「どうしよう、どうしよう」とあせらないで、あまりがんばらず、無理せず生きていれば、自然に悩みは、「打発す」と。打発とは、処理できる、始末できる、どこかへ飛んでしまう……と。

45

偶会《ぐうかい》する所、便《すなわ》ち佳境《かきょう》を成《な》す

たまたま出会った人との関係を大切にする

◆よい人間関係を築くコツは、こんなにシンプルなこと

よい人間関係をつくるには、

1. まず、自分が相手に与えられるものは、なにか、を考える。
2. 次に、この相手が、どんなことに関心を持っているか、を考える。
3. 重ねて、自分は、どうすれば、その相手の力になれるだろうか、を考える。
4. さらにその上に、相手が、自分のことをどう思っているかも、考える。

なるほど、ごもっとも。が、こんな難しい、ややこしいことを、頭の中で、ゴチャゴチャ考えていたら、かえって、人といい関係は、生まれてこない。

偶会する所、便ち佳境を成す

「偶会」とは、ふと、たまたま出会った、という意味。ふと、たまたま出かけたところで、ふと、たまたま出会った人と、実は、真味のある、すばらしい人間関係が生まれるものだ……と。

頭の中で、恰好《かっこう》のいいことばかり考えない。一度、頭の考えをスッカラカンに空ッぽにして、もっと、大自然の運命に任せて、生きる。

46

性天《せいてん》澄徹《ちょうてつ》すれば、身心《しんしん》を康済《こうさい》する

「問題意識」がありすぎると行動が鈍る

◆自分の心と身体を整える——それがいちばん大事

よく、問題意識を持て！　と、いわれる。なにも問題が起こっていないのに、無理矢理に、問題意識を持て！　と。

問題意識は、問題が起こってから、すばやく持って、その問題の解決のため、実行すれば、いい。

まったく、いまの世の中、みんなで集まっては、すぐ会議をして、問題意識ばかりを山積みにして、その山の重さで、明るく生きる力を、失った。

余分な問題意識がありすぎると、かえって、行動に移す力がなくなってしまうことを、考えの中に入れた方が、いい。

性天澄徹すれば、身心を康済する

「性天」とは、自分の本来の生命、つまり、大自然の生命。「澄徹」とは、澄みきっていて、そこには、なんの理屈や問題意識など、みじんもない。この大自然の生命を、シッカリと自分のものとして生活していけば、「身心を康済する」のだ。つまり、いつでも、自分の身体や精神を安らかにして、自分の中に、光を発見する……と。

47

須《すべか》らく念浄《ねんきょ》く境空《きょうむな》しくすべし

グチをこぼさない人は、幸福になれる

◆「不平不満」という悪いエネルギーを放出するな

グチグチとグチをこぼすとき、だれもが、自分の思うようにいかないから、という不満を、持っている。

グチをこぼすと、健康を害するエネルギーが、グルグル体の中を、かけめぐることが、わかってきた。

心の中に、ぜんぜん不満のない人の方が、いつでも、不満たらたらの人よりも、ずっと長生きすることも、わかってきた。

自分の思うようにならないと、毎日グチをこぼしながら、幸福な人生を期待するのは、毎日パカパカ煙草をふかし、毎晩酒に酔いしれながら、健康のことを気にしている人と、まったく、同じ。

須らく念浄く境空しくすべし

「念浄く」とは、不平や不満をとり除いて、心をきれいサッパリすること。「境空しく」とは、まわりの生活環境について、グチをこぼさないこと。そんなこと、できるかッ……と、思っていた。が、できる。大自然に坐ってみれば、大丈夫だ。

48

道《どう》眼《げん》を以って観《み》れば、種《しゅ》々《しゅ》是れ常《じょう》なり

いい、とか、悪い、とか気にしない

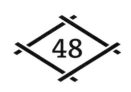

◆もっと「大きな目」で世間を見る

ある人は、名誉を獲得しようと思って、努力に努力を重ねて、輝かしい名誉を、自分のものにし、派手に生きる。

いささか不幸なことに、ある人は、ほんの少しの名誉もなく、世の片隅で、ほそぼそと、生きる。

人間の世の中だけで、この二人を評価すれば、前の人は、成功者、あとの人は、失敗者となる。

しかし、世俗の成功、失敗という二つにわけた見方ではなく、二人とも、ただ生きてきて、ただ死んでいった、という、天地の万物の在り方から見ると、二人になんの差異はない。

道眼を以って観れば、種々是れ常なり

「道眼」とは、宇宙とか大自然とかにどっかと腰をすえて、高く広い眼で世間を見ることである。「常なり」とは、まったく同じだ、ということ。いい、悪いという世俗的思考をストップすると、「どっちでもいいじゃないか」と、安心できる。

49

人生澹泊《たんぱく》を識《し》る

なにごとも「シンプル」を心がける

◆〝お茶づけの味〟のような生活こそ最高だ

お金を稼ぐのが、純粋に好きな人が、いる。人生、とにかく、お金が稼げればいい、と思っている人は、けっこう、いる。いくらお金を獲得したか。いま、どんなことをしたら、うまくお金が、手に入るか。そんな話をしているときが、いちばん、幸福なときなのだ。それは、それで、けっこうな話だ。が、まじめに努力し、お金が身のまわりを、囲む。と、ふしぎなことに、家の中の人間関係が、混乱する。人生そのものが、複雑怪奇になる。

貧乏というのは、たしかに、おもしろくは、ない。が、いくら貧しくとも、家の中を和やかに治め、いい友だちを、大切にして生きていけば、貧乏生活でも、けっこう、悠々自適に、ゆたかな心で、生きられる。

人生澹泊を識る

「澹泊」とは、ものごとを、なるたけ簡単に、あっさり、さっぱりすることだ。高ぶらない簡素な生活は、体のためにも、心のためにも、最高である。「お茶づけの味」という生活も、悪くは、ない。

50

三杯《さんばい》の後、一真自得《いつしんじとく》する

死ぬときは、〃丸裸〃で死ぬ覚悟を持つ

◆世の中、自分の都合で動いてくれない

不安な気持ちを落ちつかせたい。そう思ったら、まず、欲を捨てることだ。暗く落ち込んだ気持ちを、明るく、うきうきさせたいなら、これも、まず、欲を捨てることだ。欲さえ捨てきれば、不安や暗い気持ちが消えて、朝日が昇ってくるときのように、ほんのり心が輝きはじめる。

「ああなったらいい、こうなったらいい」。そんな欲望が、いちばん質が、悪い。グルグル、グルグル、いつまでも、心にまとわりついて、どんどん悩みを増加させる。

こちらで、いくら「ああしたい、こうしたい」と思ったところで、世の中一切、こちらの都合で動いてくれない。だから、「ああなってもいい、こうなってもいい」と、思いきってみる。

三杯の後、一真自得する

おチョコ三杯の酒をグッと呑みほして、いずれみんなが死んでしまう真実を、自覚せよ……と。いくらうまく欲望を達成したところで、死ぬときには、なに一つ、持っていけない。

51

機《き》神《しん》最も宜しく触発《しょくはつ》すべし

明るい感情、明るい意欲を〝爆発〟させよ

◆自分の評価基準で生きれば、いつでも前向きでいられる

日ごろ、うっかりすると、とにかく、人から「よく思われたい」と、思っている。なんとかして、人から「よく思われたい」と思って、いろいろ努力し工夫をしていると、たしかに、人は、自分をよく思ってくれるようになる。もっともっと、人から「よく思われたい」とがんばるのは、そんなに、悪いことではない。

が、注意しなくてはいけないのは、「よく思われたい」と思うのは、自分で自分を心底から評価しているのではなく、いつも相手からよりよく評価してもらいたいと思っている点だ。そして、相手の評価ばかりを気にしていると、いつの間にか、自分本来の才能の働きが、だんだん、鈍ってくる、という点だ。

機神最も宜しく触発すべし

「機神」とは、生まれたときから持っている天性の活動的能力。「触発」とは、自分の素性である、明るい感情、意欲を爆発させよ……と。他人の評価ばかりに合わせていると、笑いを失うぞ。「オレはオレだ」という気持ちを抱けば、明るくなる。

52

大地も尽《ことごと》く逍遥《しょうよう》に属《ぞく》す

他人の考えを〝鵜呑み〟にしない

◆世間が狭く、小さくなった時代を生き抜くために

一本の毛ほどのチッポケなことで、それにしばりつけられて、身動きがとれなくなってしまう。

あとで考えてみれば、まったく、たいしたことではなかったのに、カーッと頭にきて、大声を上げて、わめいてしまう。

あとで考えても遅い。つねに、自分で、自分なりに、いまを考えれば、いい。

うっかりすると、自分で考えているようでも、実は、テレビやインターネット上で見つけた、他人の考えを鵜呑《うの》みにしているだけで、自分で考えてはいないのだ。

大地も尽く逍遙に属す

情報のマシン伝達が、早く、かつ多量になったということは、実は、世間が狭い箱の中に、きゅッと小さく、詰め込まれたということでもある。

「逍遙」とは散歩だ。たまには、広くでっかい大地を、ぶらぶら散歩しているような気持ちを持つ。そして、こよなく大自然にあこがれ、狭い世間の価値観を、ポイと超越することだ。すると、思わぬ、明るく自由自在な考え方が、湧いてくる。

53

棋《き》は争わざるを以って勝となす

「競争心」は、やがて〝毒〟になる

◆勝とう、勝とうとするから苦しくなる

「わたしは、あの人よりいい生活をしたい」「オレは、あいつより、いい就職をしたい」そんな競争心をかりたてて、一生懸命に努力しはじめるのは、人生を無関心に生きる人よりは、よっぽど、ましなのである。

注意を要するのは、競争の気持ちを持ち続けていると、だんだん、心の平安を保つことができなくなるという点だ。

競争心は、はじめは、人を生き生きさせる。が、次第に心を苦しませる。

棋は争わざるを以って勝となす

「棋」とは、将棋である。熱心に将棋や囲碁を打った人は、経験があるだろう。どうしても、勝とう、勝とうと思っていると、終盤になると、手に持ったコマや石が、ぶるぶるふるえ出す。心臓がドッキン、ドッキン踊り出す。菜根譚では、こういう。「闘わない方が勝ちだ」……と。勝負は、時の運。勝っても負けても、どっちでもいいではないか。相手と争わないで将棋をすると、こんな楽しい時はない。人生も、まったく、同じ。

54

生を貪《むさぼ》りて先づ其《そ》の死の因たるを知る

「生」を貪ると死が迫る

◆長生きへの願望が死の原因になる恐ろしさ

長生きするには、どうしたらいいか。だれでも、一度ぐらいは、考えたことがある。「長生きしたい」と思っても、ただ、のんびりと、軽く思っているならいいが、長生きするには、どうしたらいいかと、その手段と方法をくまなく調べ、まじめに毎日実践しはじめる人が、いる。

毎月病院で、精密検査をし、あらゆる数値をくまなく調べ、「いや、今月も、いいデータが出ている。心配ない」といっていた人が、コロリ。実は、「心配ない」といいながら、いつも、自分の体に、大きな疑問と不安を、意識の底の方で、つよく感じていたのだ。

生を貪りて先づ其の死の因たるを知る

「生を貪る」、つまり、「長生きしたい」と、長生きをつよく願望する心が、かえって、死の原因になる。と、菜根譚は、主張する。恐ろしい、きびしい言葉ではある。が、事実、「生を貪り」、たくさんの薬を飲みすぎて、体調が悪い人が、いっぱいいる。

55

宜しく跡《あと》を塵囂《じんごう》に絶つべし

たまには、世間から遠ざかってみる

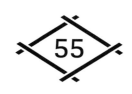

◆悩みの原因は、「言葉そのもの」と気づく

あなたが、だれかに言葉で傷つけられる。と、今度は、あなたが、その人を言葉で傷つける。おたがいに、相手を傷つけようとは思っていなくても、世の中は、激しい言葉が飛びかって、怒ったり、憎しみ合って、悩まされる。

あっ、そうか！　悩みの原因は、言葉そのものなんだ。言葉が、人間関係を不平不満だらけにしているのだ。

あッ、そうだ！　たまには、言葉のない世界にいってみよう。美しいみどりの山道をぶらりぶらりと、歩く。広くゆたかな川の流れる土手に坐って、白い雲の流れゆくのを、じっと、眺める。

宜しく迹を塵囂に絶つべし

憎しみや、悩みがなかなか消えないときは、「塵囂」を絶て、と菜根譚は、いう。「塵囂」とは、人だけではなく、電気や電波によって送られてくる言葉の氾濫する世間。「絶つべし」とは、たまには、世間を遠ざかって、言葉のない静かな自然の中に身を置きなさい……と。

5章

心を「ポジティブな感情」で満たす
——14の言葉

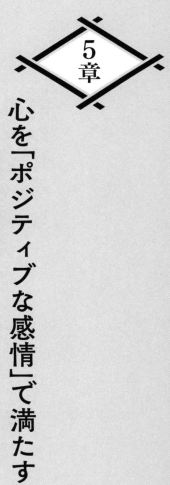

56

鑑《かがみ》は翳《くも》らざれば、
則《すなわ》ちおのずから明らかなり

心の鏡をネガティブな言葉で
曇らせるな

◆〝グチ大会〟にまき込まれるな

一人が、ふと、グチをこぼす。

「まったく、うちの部長のいってることは、無理難題ばかりでどうしようもない」

「とんでもない。うちは、部長ばかりじゃない。課長から係長まで、うるさいことばかりいってる。たまらんよ」

「なんだって、部課長がうるさいッて、でも、給料が高いからいいではないか。うちは、低い上に、今月も遅れていて、まだ一銭ももらっていない」

グチばかりいい合っていると、だんだん心が束縛され自由を失う。ほかの人といっしょにいるとき、会話がグチになったら、それにまき込まれないように……。まき込まれると、すぐ、心が曇ってくる。

鑑は翳らざれば、則ちおのずから明らかなり

「鑑は翳らざれば……」とは、自分の心の鏡がグチで曇らなければ、自然に明るくなって、元気と希望が湧いてくる……と。人間関係、健康への不安、金銭的な不足、現代は、グチをいい出したら、自分の心は、あッという間にグチの山となる。要注意だ。

57

世を渉《わた》るに、段の円活《えんかつ》の機趣《きしゅ》あり

人を「よい方向」に導いてやる

◆「聞き役」に徹することができる人は、成長する

だれだって、一生に、なん回かは、泣きたくなることもある。

ふだんは、もの静かで、やさしい人でも、人に意地悪をされて、気が狂ったように、荒れることも、あるだろう。

こんなときに、グチをこぼされたら、グチを、最後まで、ていねいに聞いてさし上げることだ。グチにまき込まれて、こちらもグチをいい出しては、困る。グチの「聞き役」に徹することだ。

グチをよく聞きながら、その人に合わせ、そのときどきの心に合わせて、励ましたり、なぐさめたり、ときに、やさしく叱ってあげたりしていると、いつの間にか、自分がグチをいわない、明るい人に成長させてもらっている。

世を渉るに、段の円活の機趣あり

「円活の機趣」とは、相手がこの世の中を、かどたたず、なめらかに生きていく方向を教え示してやる力をいう。自分がグチをこぼすのではなく、人がグチをいわないで済むように導いていくことが、この世で「段」、つまりいちばん大事なことだ……と。

58

寛《ゆる》くせば、或《あるい》はおのずから明らかなり

「命を削って働く」のは、愚かなこと

◆ゆっくり働くと、元気な世界が開ける

考えてみると、日本中、どこもかしこも高い目標を打ちたてて、そこへ向かって、一丸となって、突っ走っている。

もっともっと、高い高い目標をたてては、おたがいに、がんばれ、がんばれと、ハッパをかけている。

だれ一人として、「わたしの力では、いくらがんばってもできません」と、断れない。自分の目標ではなく、他人がたてた目標で、人生ががんじがらめになってしまった。いくらがんばってもできない人は、簡単に落ちこぼれる。落ちこぼれないで、とにかくまじめに食らいついている人は、自分の健康と、うっかりすると自分の命と引き換えになる。きつく、きびしい労働の連続に、そろそろみんなが、疲れ果てた。

寛くせば、或はおのずから明らかなり

「寛くせば」とは、ゆるやかに、ゆっくり生きること。目標達成のため、血まなこになって突ッ走らず、手をとり合って、ゆっくり働いていく。そこに、明るく元気な世界が、開けてくる……と。

59

市《し》人《じん》に交《まじ》わるは、
山《さん》翁《おう》を友とするに如《し》かず

山里に住んでいる人と交わる

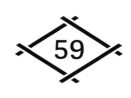

◆心にぎっしり詰まったストレスを洗い流す方法

いつも、自分の生活を、イキイキとさせたい。が、一週間も働いてくると、グッタリと疲れてしまう。以前は、こんなに疲れ果てることはなかったのに、体力が弱ったせいか、どうも、スッキリしない。

原因は、いろいろ、ある。そのいちばん目は、社会に出ると、攻撃的な人が、あまりにも多く、ことあるごとに、敵対的な態度をとられるためである。

相手を見るや、欠点を見つけ、すぐ批判めいたことを平気でぶつけてくる人のオーラは、暗く、冷たい。その嫌なオーラに当たって、まじめで、やさしい人ほど、物陰に隠れ、元気を失う。

市人に交わるは、山翁を友とするに如かず

そんなときに、あれこれ気をつかって、世人と交際しようとしても、絶対に自分らしく生きられない。「山翁を友とするに如かず」とは、山に住んでいる質朴な老人と語り合うことだ。老人だけではない。山だけでもない。山や里や海辺に住んでいる人の笑顔は、ストレスのぎっしり詰まった心を、サッと、空ッぽにしてくれる。

60

故旧《こきゅう》の交《まじわり》に遇《あ》いては、意気愈々《いよいよ》新《あらた》なり

少年時代の友は、あなたを見捨てない

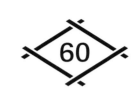

◆あのころのハツラツとしたエネルギーを思い出せ

「やあーッ」

と、声をかけたが、名前がサッパリわからない。

「おーッす」

と、友だちだった彼も、こちらの名前は浮かんでこないらしい。おたがいに、小学校時代の友だち同士であることは、ハッキリしている。

ただ、二人は、笑顔で、「やあーッ」「おーッす」だけで、握手をする。力づよくふって、二度も、三度も……。

旧友と会うと、なぜか、日常性から解放されて、心が、パッと空になる。少年時代のハツラツとしたエネルギーが、心の底から沸騰する。

故旧の交に遇いては、意気愈々新なり

「故旧の交に遇いては」とは、バッタリと、昔の友だちに出会うと、「意気愈々新なり」、グンと気合いが入って、いきごみが発生する。仲のよかった旧友は、生きる喜びを、倍にする。少年時代の親友は、けっして、あなたを見捨てない。

61

節は肥甘《ひかん》より喪《うしな》うなり

ぜいたくは、心と身体を〝麻痺〟させる

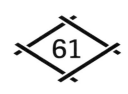

◆欲望にブレーキをかけられない人は、こんな人

つまらないきっかけで、自分をコントロールできなくなる。怒鳴りたくはないけど、つい、大声を張り上げて、相手をやっつけようとする。

貧しく、不自由な生活をしているときには、ケンカごしの威張った態度は、あまり、とらなかった。

まあ、なんとか努力を重ねて、だんだん生活の条件がよくなってくると、突然、カーッと頭にくることが、増加してくる。まことに、困ったことだ。

節は肥甘より喪うなり

「節」とは、ほどあい、礼儀、やめる、とどまる、という意味。「肥甘」とは、おいしい肉、甘くておいしいケーキ。つまり、ちょっとお金が入って、ぜいたくな生活ができるようになると、人に対して無礼な態度をとったり、無雑作に相手を怒ったり、煙草をパカパカふかしたり、大酒をくらったり、わがまま勝手にブレーキがかからなくなる。いつも、イライラ怒って、文句ばかり、生活はわがままいっぱい。これが、なによりも、自分の精神と肉体を麻痺させる。

62

窄《せま》き処《ところ》は一歩を留めて人の行くに与える

「どうぞ、お先に」は最高の人間関係のコツ

◆自己中心の人間に忍び寄る恐ろしい運命

とにかく、人のトップに立ちたいと思っている人は、自分中心になりすぎる。一見、いかにも人のために行動しているようでも、実は、まわりの人のことは、なに一つ、考えてはいない。

まわりの人のことは、なにも考えていないくせに、まわりの評判だけは、妙に気にかける。

朝、目がさめたとたん、人を追い落とすことばかり、考えている。欲をかきすぎて、なんでも、自分でやってみたくなる。

こういう生活をしながら、いつも、イライラ、ヤキモキ。自分のまわりに、恐ろしい悪い運命が、忍び込んでいることに、まるで気がつかない。

窄き処は一歩を留めて人の行くに与える

広い道は、みんなで手をとり合って、楽しく歩いていこう。狭い道になって、一人ずつしか歩けなくなったら、「どうぞ、お先に」と人に譲ってさし上げよう。「人に遅れをとるのは絶対に嫌だ」では、安らかで明るく気分のよい一日は、送れない。

63

苦心の中、常に心を悦《よろこ》ばしむるの趣《おもむき》を得る

困ったときは「いま生きていることに感謝」

◆逆境をバネにできる人、できない人の分岐点

気持ちが、しょんぼりしてしまうほど、減給された。まだ、家のローンがたくさん残っているのに、リストラされた。今年も、ボーナスが一銭も、出ない。今日、もしかすると、順風満帆に、ニコニコ顔で仕事をしている人は、すごく少ないかも……。

いま、ものすごくお金に困ってしまっている。その不自由な生活の結果、心がねじれて、自暴自棄になり、グレてどうしようもなくなってしまう人が、半分。逆に、心がゆたかになり、自然と親しんで、他人を大切に、思いやりのふかくなる人が、半分。

その差は、どこに？　「バカヤロウ、おもしろくもねェ」と、いつも文句とグチばかりいい散らしていると、前者となる。「ありがとう、ありがとう」「おかげさまです」と、たとえ、ちょッと、声をかけられて励まされても、笑顔で答えられる人が、後者。

苦心の中、常に心を悦ばしむるの趣を得る

「苦心の中」とは、困難に陥って、とても心が苦しいとき。「常に心を悦ばしむる」、苦しいときに、もっとも大切な心がまえは、とにかく、いま生きていることに、「ありがとう」と、ふかく感謝することだ。生きてさえいれば、なんとか、なる。

64

春生《しゅんせい》無きなり。
何を以って万物《ばんぶつ》を発育《はついく》せん

いい友と、無駄話をして、元気になろう

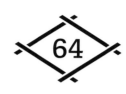

◆自分が元気でなければ、大切な人を守れない

「人と人とが出会ったら、そこに、必ず、新しい仕事が生まれなければならない。いくら話していても、仕事と関係のない無駄話ばかりする人を、友としてはならない」と、とんでもないことを、胸を張って主張する人がいる。こういうことを信じて実行している人は、日常生活の中で、仕事のことにしか意識がいってないのだ。いつも、仕事のことばかり考えていると、疲れ果ててしまうぞ。

真の友とは、「仕事を得る」ための友ではない。楽しい思い出話をしたり、冗談をいって大笑いしたり、たまに、「こんなことをこういうふうに感じた」「あのことについては、こんなふうに思ったんだ」と、なつかしく語り合って、日常の重荷を下ろし、ほっとするときを持てるような仲間こそが、心友なのだ。一見、無駄が、元気を生む。

春生無きなり。何を以って万物を発育せん

心に積もったストレスやプレッシャーの重荷を下ろせば、元気になる。「春生」とは、元気だ。元気でなければ「万物を発育」できない。元気でないと、家族やまわりの人を、大事にすることは、できない。いい友と、無駄話をして、元気になろう。

65

心体《しんたい》光明《こうみょう》なれば、暗室の中にも青天《せいてん》あり

幸福を外に求めない

◆こうすれば、体の中から「喜び」が湧き上がってくる

若いときから、幸福を外にばかり求めて、追いまわしてきた。「こうなりたい」「ああなりたい」と貧しい人が金持ちにあこがれ、金持ちになることが幸福だと思っているように、自分にないものねだりばかり。「幸福を外に求める」そのこと自体、そんなに悪いことではない。が、世の中、自分が思っているように幸福が得られることは、ほとんどない。いつも努力が空まわりする。だんだん自分の心の光が失われて、暗い顔つきになる。このごろ、幸福を自分の中に発見することにした。いま生きている……「幸福なことだ」。いまうまいものを食べている……「幸福なことだ」。いま歩いている……「幸福なことだ」。手足のたくさんの指が働いてくれる……「幸福なことだ」。こういうふうに思って生活していると、喜びが湧き上がって、パッと明るくなった。

心体光明なれば、暗室の中にも青天あり

たとえ、名誉が高くても、お金がふんだんにあっても、自分の心の中の光明を失えば、人は、なかなか幸福感を味わえない。逆に、不幸のドン底にいても、自分の心さえキッパリ光っていれば、広く広く、輝く青空のような人生が広がっていく……と。

66

逆に来たれば、順に受く

「持たない暮らし」が不安を減らす

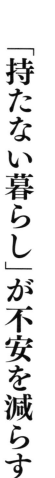

◆ないはないなりに楽しい、という真実

せっかく、いままで、汗ながして築き上げてきたものが、スッカリ、なくなってしまった。こんな、つらいことはない。

が、ふしぎなことに、なんにもなくなってしまっても、ニコニコと笑いを浮べている人が、ときどき、いる。こういう人を見るたび、うらやましくなる。

「どうして、こんなピンチに、笑っていられるのですか」

と、尋ねたことがある。と、

「持っていれば、心配がある。たくさん持っていれば、たくさん心配があるもんだ。持っていなければ、心配はいらない。あればあったで苦しい世界。なければないで楽しい世界。そういうことなんだ」

逆に来たれば、順に受く

「逆」とは逆境。つまり思うようにならず苦労ばかりの生活。「順に受く」とは、その逆境の生活を、「恵まれた幸せな生活」と受けとってしまう。「とんでもないことになった」とガッカリしないで、「ないはないなりに楽しい」と、生きていく。

67

喜神を養いて以って福を召《まね》く

「楽しいこと」は自分から引き寄せにいく

◆疲労感は、幸福感を減少させる

人生前半は、幸福というものを、なんとか手に入れようとして努力すれば、それなりに求めることが、できる。

が、人生後半になると、幸福を求めようとあがくと、かえって、得られない。人は、年をとるにつれて、欲が深く、こだわりがつよくなってしまう。体力も減少する。だから、物質的には、けっこう恵まれ、他人から見ると、いかにも幸福そうに見えても、精神的に疲れ果ててしまうから、疲労感で、幸福感が味わえなくなるのだ。

喜神を養いて以って福を召く

「喜神」とは、喜び楽しむ心である。

いくら若くても、「喜び楽しむ心」がなければ、たとえ、いい大学に入ったり、名門の会社に就職しても、充実した幸福感は、保てない。

といって、「喜び楽しむ心」は、なかなか、自然に発生しない。日常生活の中で、いつも、喜び楽しみ、なるべく愉快な心を養うように、工夫することだ。「喜び楽しむ心」が「幸福をまねく」。いつも、次々と楽しい体験を、引き寄せるように、する。

68

水の清《す》める者は常に魚《ぎょ》無し

まじめな人より、ウマの合う人とつき合う

◆人間、ちょっと世俗に汚れているくらいがいい

ぼくは、どうも、まじめな人が、苦手だ。まじめな人とつき合いなさい……よく、こういわれた。たしかに、まじめな人とつき合っていれば、もっと、いい人生が送れたのかも知れない。でも、ぼくの友だちに、まじめな人はいない。いるかも知れないが、まじめな人と思って交際していない。

じゃ、不まじめな人が、いいのか、といわれると、そうでもない。

人は、一人一人タイプが違う。気が短い人。気が長い人。おだやかな人。無口な人。おしゃべりな人。やたら攻撃的な人。そんないろいろなタイプのうち、どのタイプがいいのかといわれると、これもまた、決められない。

結局、今日まで、ぼくは、ウマの合う人と、つき合ってきた。そう、ウマが合う人は、話をしても、なにをしても、元気が出るから、大好きだ。

水の清める者は常に魚無し

「水の清める者」とは、節操かたく、潔白な人。「魚無し」とは、面白さがないということだろう。世俗に超然とした聖人より、ちょッぴり世俗に汚れた人が、いい。

69

貪《どん》私《し》なれば、便《すなわ》ち剛《ごう》を銷《け》して柔《じゅう》となす

自分の力以上のことを望むと体を壊す

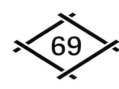

◆気負った心では本来の力は生かせない

力以上のことをやろうと思って、貪欲になって、がんばりはじめると、いつの間にか肩に力が入ってくる。

「よーし、やるぞ」「よーし、やるぞ」と肩ひじを張っていると、気負った心で、体全体が、すごく力んでくる。いつも、心がトゲトゲしていて、外からプレッシャーがかかると、すぐ、イライラ、ムカムカしてくる。

「よーし、もっと、がんばろう」と口をへの字にまげて、歯をシッカとかんで、眉間に深いタテじわを寄せて、坐禅の修行をしたことがあった。修行で人にまけるのは、くやしくて、たまらない。早朝も夜中も、坐りに坐っていた。五年目に、ダウン。一年もの長い間、入院生活。健康な体が、すっかり、力を失った。

貪私なれば、便ち剛を銷して柔となす

「貪私」とは、自分だけが得をするために、利己的に私利を貪る。「剛を銷して柔となす」とは、剛健な体もとかされて、ぐちゃぐちゃな体になる。自分だけが、利益を得ようとする「貪私」が、元気な体を、病弱にする……と忠告している。

6章

いまの「働き方」を見直す——13の言葉

70

人を利するは、実は己を利する根基《こんき》なり

好きなことで、人のためになる仕事を選ぶ

◆「人のため」はいずれ必ず「自分のため」になる

人は、なんといおうが、自分の利益を得るために、がんばっている。自分だけが、人よりも、得をしようと思って、汗水たらして働いている。それは、いいとして……。残念なことに、多くの人が、少しでも給料のよい仕事、休暇がきちんともらえる仕事をしているだけで、ほんとうに、自分の好きな仕事は、していない。

利益だけを得るため、自分の嫌いなことを、自分に合わないことを、ひたすら続けていると、ストレスが溜まり、いつもイライラしてくる。精神も肉体も、病む。なんのために生きているか、わからなくなる。そんなときには、生き方の大変革を要す。

人を利するは、実は己を利する根基なり

給料や待遇や見栄で選んだ仕事よりも、まず、自分に合った、自分の好きな仕事をする。そして、自分の得ばかり考えず、どうやって人を喜ばせるか、楽しませるか、幸福にできるかと、「人を利する」ことを中心にすることが、肝要なのだ。

「人を利する」ことは、一見、自分の損失のように思ってしまうが、「実は己を利する根基なり」なのだ。好きなことで、人のためになる仕事を選ぶ。

71

一歩退きて処《お》らざれば、飛蛾《ひが》の燭《しょく》に投《とう》ず

仕事にドップリ首まで突っ込まない

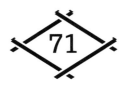

◆自分にとっていちばん大事なことはなにか

自分にとって、いちばん大事なものは家族だ。が、家族を大切にしているか。

自分の生活を楽しくしてくれたのは、親友たちである。その親友たちとの交際を、いまでも、続行しているか。

自分の生きがいは、なんといっても、愛情である。その愛情を育てるために、つねに、思いやりの行動をとり続けているか。

生活にとって、自分の健康ほど大切なものはない。しかし、その大事な健康増進のため、どれほど、養生をしているか。なんにもせず、健康は、守れない。

今日、自分にとってなにがいちばん大事かが、すっかりボケて、とにかく、この世で大事なのは、「仕事」、これしかないと、だれもが一貫して信じ込んでいる。

一歩退きて処らざれば、飛蛾の燭に投ず

「一歩退きて処らざれば」、あまり仕事にドップリ首まで差し入れないで、たまには一歩退くようにしないと、「飛蛾の燭に投ず」で、飛んでいる蛾がローソクの中に飛び込むように、仕事の猛火に入って、アッという間に、この世を終えることに、なる。

72

個の木石念頭を要す

人から悪口をいわれたって、動じない

◆悪口の大もとは「自慢したい心」

世の中、人の悪口をいって、うさばらしをしている人は、多い。

「やつは、あの点が、悪いんだ。いくらいっても、直らないッ」

「そうだ」「そうだ」といっているうちは、いい。が、「いや、そんなことはない。君が悪いと思っているのは、見方がおかしい。かれは、いい人なんだ」

なんていったら大変だ。その反論がもとで、大ゲンカになる。そこにはいない友の評価で、ケンカするのは、空しい。

だいたい、悪口の大もとは、つまりは、人をけなして、自分をほめたいからだ。悪口をいいながら、実は、自慢している。したがって、人から悪口をいわれたって、あんまり、気にすることはない。

個の木石念頭を要す

「木石」とは、木や石のように、ものに動じないこと。「念頭」とは、心。まわりの評価を気にし、ふりまわされていると、どんどん、自分が臆病になって、ちぢんでくる。禅語に「不動心」が、ある。まわりに動かされない、シッカリした心を持つ。

73

凶人《きゅうじん》は行事《ぎょうじ》の狼戻《ろうれい》なり

幸福は、頭の中の知識ではつかめない

◆「ゆたかな感情」「明るい感情」を育てる

いい中学で、いい勉強をしよう。すばらしい高校で、すばらしい勉強をしよう。優秀な大学で、優秀な勉強をしよう。そうやって頭で記憶した知識だけで、幸福な人生がつかめたか。生きがいのある一生を、送っているのか。

にも拘らず、就職してからも、新しい知識やめずらしい情報ばかりを、むさぼってばかりいる。心の底で、いつも、本当の人生の喜びを、つかみたい。人生の本当の生きがいを得たいと、ひそかに、念じながら……。

時間さえあれば、頭の中だけで、もっと、生きがいのある幸福な人生を得たいと、考える。が、幸福は、頭の知識では、つかめない。幸福をつかむのに、いちばん大事なのは、実は、感情だ。ゆたかな感情、明るい感情を育てなくては、幸福は、どんなに努力しても、つかめない。

凶人は行事の狼戻なり

「狼戻」とは、和やかで、明るく、素敵な感情がなく、狼のように、知識をむさぼり求めること。「凶人」とは、不幸になる人のこと。「行事」とは、行動。

74

乱世《らんせい》に処《しょ》しては宜しく円《えん》なるべし

「自分の考え」以上に「相手の考え」を大事にする

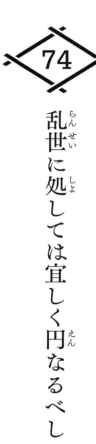

◆相手に自分を理解してもらおうと思うな

自分の考えだけを、シッカリ持つと、世の中はうまくいかない。家庭の中も、平和に治まらない。

自分の頭の中には、長年かけて、自分の考え方、やり方、生き方が、こり固まっている。まじめな人ほど、ごまかすことができず、むやみやたらに、熱心に、誠意を持って、相手にこれを伝え、相手に理解してもらい、相手に同意してもらおうとする。が、いったい、自分の考えとまったく同じ相手なんか、いるわけがない。

自分の「考え」に、注意しよう。自分の「考え」は、自分だけのものだ。相手には、相手の考えがあって、いいではないか。一歩譲って、「自分の考えを大事にしよう」。それは、よろしい。が、もう一つ、「相手の考え」は、もっと、大事にしよう。

乱世に処しては宜しく円なるべし

世の中が、よく治まっていて、みんなが楽しく信じ合って、公平なときならまだしも、今日のように、世界中人心が乱れ、闘いや争いが絶えないときには、「宜しく円なるべし」。自分だけの主張で角ばらないで、みんなが、もっと、丸くなる方がいい。

75

恩を施す者は、内《うち》、己を見ず

相手をよく理解しないで親切をするな

◆「大きなお世話」と思われていないか？

できるだけ、いろんな人と、つき合った方がいい。そして、できるなら、出会った人が、どんな人かを見極められたら、こんなすばらしいことは、ない。

わたしは、いままで、わたしなりに、ずいぶん、たくさんの人に、親切をしてきたが、わけはわからなかったが、その親切をした人に裏切られて、こっぴどい目に、たくさん出会った。

いまになって、わたしを裏切った人は、別に、意地悪な人でも、わがままな人でもないことが、よく、わかるようになった。やはり、到らなかったのは、わたし自身なのだ。相手の人が、どんな人かを見極めないで、単に、こちらの都合で、こちらのやりたいように、親切をしていたのだ。つまり、自分だけが親切をしていると思っていただけで、相手にとっては、迷惑なことだったのだ。

恩を施す者は、内、己を見ず

「恩を施す者」とは、人に親切をしたり、恵みを与える人。「内、己を見ず」とは、相手のことをよく理解しないで、自分だけの考えで、親切をしてはならない……と。

76

能《よ》く人をして皆順ならしめんや

「人を動かす」のは、並大抵のことではないと知る

◆安易に他人に期待すると、後悔が待っている

人と話をするときは、いつも、相手の立場に立って、考えなさい。

「相手の立場に立って」。今日まで、耳が痛くなるほど聞いた言葉だ。が、耳についてはいても、シッカリ耳に聞き入れて、実践したことは、ない。のっけから、まず「自分の立場」だけに立って、相手を自分の考え通りに、動かそうとばかりしてしまう。年をとるにつれて、ますます、その傾向が、激しい。

ふり返って、みる。じゃ、自分は、どうか。友の考え通りに、自分を変革できただろうか。たとえ、いかに友の人間性に敬服していたにしても、なかなか、かれの考え通り行動し直すのは、難しい。

能く人をして皆順ならしめんや

「能く人をして」とは、うまく自分の考えを他人に話して、「皆順ならしめんや」、みんなを自分の考えに従わせることができるであろうか。いや、そんなことは、けっして、できない……と。自分の考えを人に話して、その考えに従順に応じて他人が行動してくれることを、安易に期待したら、後悔するだけだ。

77

権力を以って得る者は、
瓶鉢《へいはつ》中の花の如《ごと》し

他人を支配して得たものは、すぐに枯れる

◆まじめで、おとなしい人ほど肝に銘じておくべきこと

万事、社会のあらゆる仕事は、自分の才能、体力、工夫、努力によって成就するものだ、と、すごい力で思い込んでいる人が、多い。

そんなふうに考えるのは、別に、まちがっては、いまい。注意しなくてはいけないのは、自分だけの力を過信していくうちに、まわりの人をおさえつけ、他人を支配し、自分の目的達成のため、たくさんの人を強制しはじめる……という点だ。うっかりすると、本来は、まじめで、おとなしい人ほど、妙に、権威と権力を欲しいままに、ふるってくる。

権力を以って得る者は、瓶鉢中の花の如し

「権力を以って得る者」とは、他人を支配し、強制的に労働させて得た名誉や富財。「瓶鉢中の花の如し」とは、花瓶にさした花のように、根ッこが生えていないから、間もなく、枯れてしまう……と。

大自然の力、無数の人たちの力、この世を去った多くの先輩たちの力がなければ、一人の人間だけで、この世の仕事は、なに一つできないことを、シッカと自覚する。

78

世に在ること百年なりとも、
恰《あたか》も未《いま》だ一日も生きざるに似たり

自分の一生をお金の奴隷にしない

◆今日一日、「仕事しかしなかった人」たちへ

たまに、自分の人生のとらえ方を、ちょッと変えると、とたんに、一日が楽しくなり、生きていてよかったと、しみじみ思えるようになる。たとえば、二人の人が、恋人にふられたとする。一人はそれを天命と受けとめ、あの恋人にふられたのは、もっと自分にぴったりとした素敵な人が現れてくる徴候だと、受けとめる。もう一人は、自分のプライドが傷つけられたと、ひどく憤る。なんの理由なく相手がしゃくにさわる。そのうち孤独とさびしさの地獄にストンと落ちる。うらみの人生がスタートする。

世に在ること百年なりとも、恰も未だ一日も生きざるに似たり

今日、自分の一生を、なぜ、仕事中心にしか考えられないのか。それは、幸福のためには、お金が本当に大事だと、思っているからだ。そして、この世を終えるまで、わたしたちは、お金の奴隷になっている。

お金の奴隷になったら、「たとえ百年長生きしても、一日も、人として生きたことにはならない」と、菜根譚は、叫ぶ。幸福な生活にとって大事なものは、寛大な心だ。思いやりの心だ。自然の中で生きる心だ。

79

満《まん》を以って、覆《くつがえ》る

がんばったあとは、しっかり休む

◆仕事のために仕事をする、という負のスパイラル

冷蔵庫がなかったせいか、少年時代は、やたら、食中毒が、ひんぱんに起こった。中毒にかかると、発熱したり、ひどい腹痛に襲われたり、下痢で、床に寝込んだ。いまでは、食中毒は、すごく少なくなった。その代わりといってはは無礼なことかも知れないが、「仕事中毒」の人が、激増している。

とにかく、長時間、一生懸命に働く。この仕事にどんな生きがいがあるのか。そんなことは考えるひまもなく、単に、仕事のために、仕事をする。人生、仕事のほかは、なんの趣味もなく、いつも、仕事のことばかりで頭がいっぱいで、仕事のことしか話さない。いつもいつも忙しい。仕事以外、なんの興味もない。

いつの間にか、精神的、肉体的にとんでもない絶大なダメージを受ける。不眠やウツ、心臓病などを引き起こして、病床へ。

満を以って、覆る

月も、満月になると、欠ける。仕事も、休暇もとらずに働き続け、人生が仕事で満タンになると、早死にへ連結する。たまには、ぼーッと、ぼんやり、生きてみる。

80

暖なれば則ち生ず

ひどい言葉には「あたたかい言葉」でお返しをする

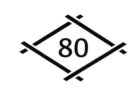

◆人間関係の基本は、自分の心の中にある

どんなことが起こっても、つねに淡々と、明るい気持ちで対処できたら、こんなにうれしいことは、ない。が、それが、なかなか困難だ。つい、ぞっとするような言葉を吐いて、まわりが、嫌ーな雰囲気につつまれてしまう。

あらゆる人間関係の基本は、自分の心の中の「善し・悪し」にかかっている。まわりに「善し」と思っていることが起こったら、うれしい。突然、「悪し」と思っていることが起こると、グラグラッと頭にきて、残酷な言葉をいいふらして、まわりにキズをつける。いままで、とても、うまくいっていた人間関係も、あッという間に、崩れ落ちる。

暖なれば則ち生ず

「暖なれば」とは、たとえ、どんなにひどい言葉を浴びせられても、にこやかに、元気で、明るい態度で、あたたかい言葉を返してやる。すると、「則ち生ず」とは、たとえば、春になって、あたたかくなると、いろんな花がパッと咲くように、自分のまわりに、気持ちのいい雰囲気が、サッと広がってくる。

81

練極《ねりきわ》まりて、福を成す

忍耐とは、消極的なパワーではない

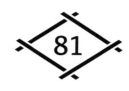

◆すぐにキレる人は、思い通りの人生を歩めない

ガマンする。「忍耐」、ずいぶん、古くさい言葉で、あまり、好きじゃない。

いまでは、ガマンしないで、自分のいいたいことは、はずかしがらず、ドンドン発言しなさい。自分のやりたいことは、あたりをあまり気にしないで、バンバンやりなさい。それが、いいことになっている。

ちょッと以前は、まるで、違った。自分のいいたいことがあっても、ちょッと、ガマンしなさい。やりたいことがあっても、ガマンするんだ。

「忍耐」、ガマン。うっかりすると、それは、すごく、消極的なパワーだと思う人がいるかも知れない。が、実は、人生を無事に生き、幸福な生活を創造していくためには、もっとも、大事な力なのだ。

練極まりて、福を成す

「練極まりて」とは、ガマンにガマンをして、練りに練って、なんどもなんどもやり直して、みがき直して……。「福を成す」、そして幸福な人生をつかむことができる。

ちょッと、思うようにならないと、すぐ、キレる。ガマンできないからだ。

82

心は虚《きょ》ならざるべからず

頭を空ッぽにできる人ほど、判断力がある

◆記憶力のすぐれた人ほど悩みが多い理由

とっても、手軽に、たくさんの情報や知識が、簡単に手に入る時代に、なった。生まれつき、あまり記憶力のない人は、頭に入っても、すぐ、忘れてしまうから、まったく、問題はない。困るのは、極端に記憶力のすぐれた人だ。

なにか事が起こると、記憶力のいい人は、自分の中にある多量の知識や情報によって、判断したり、処理しようとする。

が、困ったことに、倉庫に品物を、びっしり、詰め込んでしまったように、知識を置いた位置が、わからない。詰まっているだけで、引き出せない。

心は虚ならざるべからず

「虚」とは、空ッぽ、なにも入っていないこと。心や頭を、きれいさっぱり空ッぽにしておくと、なにか事が起こったとき、ああ、これは、こうすればいい。あれは、ああすればいい、と、ポンポン、いい考えや判断が、自然に湧いて生まれてくる。

情報や知識ばかり、むさぼって詰め込みすぎては、自分自身の適正な考えや判断は、ますます湧かなくなることを、真剣に内省すべきだ。

7章

「人間的魅力」を磨いていく
――15の言葉

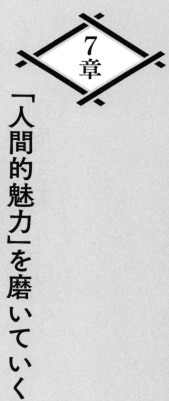

83

ただ是れ主人公、惺惺《せいせい》不昧《ふまい》

すべての悩みは「理屈」から生まれる

◆「生まれたときの自分」に立ち返れ

くよくよ、いつも悩んでいる人は、とても、ちッぽけに見える。

たとえ悩んでも、すぐ忘れ、いつもニコニコして胸を張って生きている人は、全身から光がパッと出ているような感じがして、大きく見える。悩みを持っている人は、どうしたって、年より、老いて見える。悩まなければ、人は、だれでも若々しい。

じゃ、心身ともに若返るには、どうしたらいいのか。「生まれたときの自分」を引き出せば、バッチリ若返る。

「生まれたときの自分」は、理屈を、一つも持っていなかった。すべての悩みは、いいとか、悪いとかの理屈から、煙のように湧いてくる。

たまには、「生まれたときの自分」の在り方を、振り返ってみる。

ただ是れ主人公、惺惺不昧

「主人公」とは、生まれたばかりの自分である。「惺惺」とは、パッと目を開いて明るくなる。「不昧」とは、悩みが消える。つまり、生まれたときの自分に立ち返れば、つらい気持ちが明るく晴れて、一切の悩みは消えてしまうだろう……と。

84

疎《そ》狂《きょう》なるべからず

「礼」には
もっとも人間らしさが出る

◆「人」として、絶対にしてはならないこと

あらゆるところで、無礼が、横行している。

この世で、もっとも、人間らしさが出るのは、美しい礼である。人同士が、おたがいに敬愛する心が、礼という行動となる。どうやら、自愛の心は、どんどん強くなるのに、他人を敬し、他人の心を愛する礼の気持ちが、トップの経営者を含む、あらゆる分野で、すっかり、なくなった。

かつては、どんなに成功しても、いかにも汚いやり方、よこしまなやり方、自分の利益のために、人なんかどうなってもかまわないという「無礼」なやり方は、まったく、認められなかった。こすからい、卑屈な態度でお金を稼ぎまくっても、人らしいやり方として、だれも、認めなかった。

疎狂なるべからず

「疎」とは、礼を失った、いかにも、わがままで、下品なエゴの態度。「狂」とは、あたりかまわず、わめきちらす横暴な行動。「べからず」とは、そういうことは、ぜったいに、してはならない……と。

85

天の機《き》権《けん》最も神《しん》なるを、
人の智《ち》巧《こう》は何の益かあらん

「自分のため」だけに努力をしても
運命は開かない

◆いくら頭で考えても、技術を尽くしても及ばないこと

わたしは、天のお告げを、聞いたことは、ない。かわいらしい天使が、ふとわたしによりそって、やさしく、すばらしいメッセージをささやいてくれたことも、ない。わたしにとっては、そんなことは、どうでもいいことだ。

ただ、一つ、大自然の中に偉大なエネルギーがあって、それと自分のいのちが、直結していたことは、ハッキリわかった。坐禅をくんで、もう、六十年。たった、それだけは、シッカリと、わかった。

さらに、そのエネルギーは、自分のためだけの努力をしても、ちっとも、いい運命を与えてくれないこと。「自分のため」といっしょに、「人のため」もふかく思って努力していると、思わぬ幸運を開いてくれることも、ずしんと、わかった。

天の機権最も神なるを、人の智巧は何の益かあらん

「天の機権」とは、天の働き、大自然の大元のエネルギー。「神」とは、ふしぎで、すぐれた働き。その力には、「人の智巧は何の益かあらん」で、人間がいくら頭で考えても、技術を尽くしても及ばない。そのありがたい働きと直結して、人は生きている。

86

人を看《み》るには、ただ後の半截《はんせつ》を看よ

人生は、前半より後半に勝負をかける

◆一見恵まれた人も、人知れず苦悩を抱えている

人生を見る目を養うことは、すごく、大事なことだ。若いときだけではなく、老後に至るまで、その長く偉大なる人生の流れを、ずーッと見極めることが、大切だ。人は、とかく、人生の始め、人生の前半だけに、関心を持っている。高校や専門学校や、大学や、就職に、ひどく神経をとがらせている。少しでも待遇のよい就職、名門の会社に勤務できれば、それが、いちばん幸福だと思っている人が、九十パーセント。

人生は、前半がよければ、よい。困ったことに、これは、まったく、逆だ。人生は、前半がよくても、後半が悪ければ、なんにもならない。いかに、新鮮な中トロの寿司をたくさん食べても、最後に、腐った大トロを食べさせられたら、どうか。

人生は、前半ではない。後半に勝負をかけると、よい。

人を看るには、ただ後の半截を看よ

その人の値うちを見るには、「後の半截を看よ」。その人の後半生だけを見ればよい……と。世の中には、ごくまれに、一見、前半も後半もいいという人もいる。が、よく見ると、その人は、陰や裏側で、他人に知られたくない苦悩を抱えているものだ。

87

平民も肯《あえ》て徳を種《う》え恵を施《ほどこ》さば、
便《すなわ》ち是れ無《む》位《い》の公《こう》相《しょう》なり

「徳のある人」こそ「器量のある人」

◆人間の「風格」と「器量」はどこから生まれるのか

あの娘さんは、「器量よし」だね。器量よし、というと、うっかり、顔かたちのよい人のことをいうのかと、思ってしまう。本来、そんな意味はない。

「器量」の「器」は、入れものである。「量」とは、徳の心がたくさん入っている、ということ。じゃ、「徳」とは、なにか。徳とは、生まれついてから今日まで、自分の生活をずーっと支え続けている自然の生命の働きに感謝する心。大自然の恵みのありがたさを、人にほどこし、他人を思いやる心。人に楽しみを与える心。そんな「徳」の心が、いっぱい入っている「器」を、「器量よし」という。

平民も肯て徳を種え恵を施さば、便ち是れ無位の公相なり

「平民も肯て徳を種え恵を施さば」とは、一般市民であっても、みずから進んで、徳の修行をし、人を思いやり、恵みを与え、人をよき道に感化すれば、「便ち是れ無位の公相なり」。この人こそ、一般市民でありながら、国家の最高位の官吏と同等に、尊い人である……と。一週間に六十～八十時間、休日もなく、自分のためにだけ寸暇を惜しんで働き続けるだけでは、人間の「風格」と、「器量」は、育ち難い。

88

心常に看得《みえ》て、円満《えんまん》なり

「呼吸」さえできていれば大丈夫

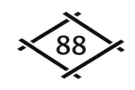

◆「いま生きている」という事実をふかく感じる

心の世界は、ふだんの世間の能率中心の世界と、まったく、逆のところにある。能率中心の世界は、自分の外にある。が、心の世界は、自分の内にある。

心の世界。それは、命の世界である。心の世界を見るとは、自分の命の在り方を見ることなのだ。

これは、すごく簡単なようで、実は、なかなか難しい。自分の命の在り方とは、たとえば、呼吸である。その呼吸の在り方に、いったい、なにを、学ぶのか。

呼吸は、文句をいわない。欲もない。不平不満を一つもいわない。が、呼吸さえあれば、見ることも、聞くことも、嗅ぐことも、味わうことも、触れることも、立つことも、坐ることも……なんでも、かんでもできる。なにはともあれ、まず、呼吸さえあれば、それで十分。呼吸がストップしたら、一切はストップ。

心常に看得て、円満なり

「心常に看得て」とは、いま自分の鼻で、吸ったり吐いたりしている生命の原点の在り方を、ふかく感じて生活していれば、「円満なり」、なんの不足も、ない。

89

極処《ごくしょ》に做《な》し到《いた》れば、ただ是れ恰好のみ

「恰好いい」とは「自分らしい」ということ

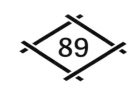

◆人生、同じ日は一日もない

ことによると、だれでも、毎日、同じような一日を過ごしている。たまには、新鮮な、すばらしい一日が欲しい。でも、そういう一日は、なかなか来ない。

毎日、毎日、同じようなことをしていても、まったく、同じ日は、実は、一日もない。少しずつ変化している。同じような日をくり返しながら、だんだん、人とは異なる自分らしい生活が、いつの間にか育っている。これが、人生のすばらしい点だ。

極処に做し到れば、ただ是れ恰好のみ

「恰好」とは、刺激的で、めずらしくて、すぐれている、という意味ではない。「恰好いい」とは、その人によく似合っている。その人らしい。その人にぴったりしている……という意味だ。

「極処に做し到れば」とは、世の中の流れの中で、苦しみも喜びも、出会いも、別れもあったであろう。が、だれも、ほとんど、朝は起き、食事をし、働きに出て、帰宅の生活を続けた。やがて晩年になって、その人らしい似合った生活ができれば、財や名誉がなくても、それこそが「恰好のいい最高の人生」なのだ……と。

90

万物も皆吾《わ》が一体なり

みんなで同情し合って、仲よくやること

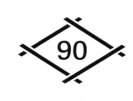

◆だれかを批判したくなったときに思い出してほしいこと

相手が、いま、少しおもしろくないことを話してくる。

「まったく、嫌になっちゃうよ。あんなに細かくチェックされたら、ストレスでつぶされちゃうよ」

そんなとき、うっかりすると、

「チェックされるのは、君の行動が、雑だからだ。それくらいのチェックで、つよいストレスを受けるようじゃ、どこへ行っても、ダメだネ」

と、すぐ相手を批判したくなる。相手のことを考える気持ちが欠けているからだ。

その上、どうしても、相手を見下す自我意識が生じ、二人の間に、壁ができる。相手が、せっかく、相談してくれたんだから、「いや、そんなに細かくチェックされたら、だれだって、まいってしまうなあ」と、相手の気持ちになってやれば、二人の間にあたたかい心が、盛り上がってくる。自分だって、チェックに弱いこともわかる。

万物も皆吾が一体なり

大自然の命は、みんな同じなんだ。グチをこぼし、同情し合って、仲よくやろう。

91

満を履《ふ》むは、君子尤《もっと》も兢兢《きょうきょう》たり

まわりからの「嫉妬」に注意せよ

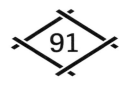

◆うまくいっているときほど慎重に、という教え

みんな、大自然のまったく同じ命で生きている。だから、いい人ばかりだ。いいや、そうではない。世の中には、こすからくて、意地悪で、ヤキモチの人も、けっこういる。まじめに働いているのに、認められないで苦労している人。愚直に正義をつらぬこうとして、敗れ去った人。根が正直すぎて融通がきかず、冷飯をくっている人。いい人とか、おとなしくて幸福な人が、蹴落とされるのは、タチの悪い人の嫉妬心だといわれる。

そこで、これは大変おもしろくないことだが、まじめな人、いい人、おとなしい人、正義感のある人、幸福な人、成功した人は、人から嫉妬を受けないように、心しないと、人生からはずされてしまう危険がある。

満を履むは、君子尤も兢兢たり

「君子」とは、徳が高く、思いやりのふかい品位のそなわった人が、「満を履む」とは、成功したり、幸福になったり、地位や名誉を得たとき。「兢兢」とは、嫉妬による意地悪を恐れて、慎みながら、自分の道を地味に一歩ずつ歩んでいく……と。

92

此の身は再びは得られず

人生が「たった一度きり」なのを忘れるな

◆「生きていてよかった」と思う日は必ず来る

この人生は、たった一度きり、ということを、うっかり忘れる。

ゲームに登場するキャラクターは、死んでも、スイッチをポイと押せば、すぐ、生き返ってしまう。だから、絶望すると、これじゃ生きていても仕方がないと思って、簡単に自ら命を絶ってしまう。

ちょッと、待って。考えてほしい。あしたが、今日と同じでないかも知れないぞ。寒い冬の日だって、いつまでも続くわけじゃない。春は、くる。ぜったいに、春はくるのだ。

思いもよらない出会いがあって、あッという間に、事態が好転するかも知れない。あなたを苦しめてきた人が、突然、この世を去ってしまうかも知れない。

此の身は再びは得られず

人生は、たった一度きり。この言葉を、ゴツンと頭にたたき込んで、今日一日を生きる。すると、毎日がゴミクズみたいな日であっても、一年に一度くらい、「ああ、生きていてよかった」と、しみじみ思い込む日が、必ず、ある。

93

末路《まつろ》に怠荒《たいこう》せず

若い人から多くを学ぶ

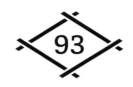

◆老いても進取の心を忘れない

自分の代わりが、見つからない。いま手元にかかえている仕事は、どうしたって、自分にしかできない。いま、この仕事を後輩に任せてしまったら、すべてがダメになってしまうのではないか。

こんな気持ちでいると、永遠に、すべてを自分の手でこなさなくてはならなくなってくる。そこまで、自分こそはと、いき込む必要は、ない。自分より年下の新しい世代は、確実に成長している。一日も早く、次の世代に、自分の仕事を託すことだ。

問題は、そのあとだ。やっと、うまく、バトンタッチをしたのに、そのまま、すぐ気が失せて、バタリと倒れてしまうことが、なにより問題なのだ。

末路に怠荒せず

「末路」とは、仕事がなくなり、だんだん落ち目になる。そんなとき、けっして「怠荒せず」だ。「怠荒」の「怠」とは、他人や後輩を軽く見て、バカにすること。「荒」とは、老いぼれること。肉体は老いても、心だけは、若やぎ、もうろくしないこと。老いても、進取の心を忘れず、若い人から進んで学び取ることができれば、最高。

94

発生の機《き》緘《かん》は、則ち零《れい》落《らく》の内に在り

いまのあなたを支えているのは「昔の苦労」

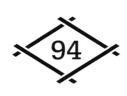

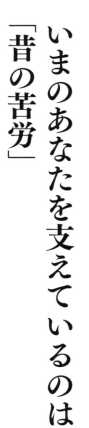

◆「つらい」ことを「不幸」と思わない自分をつくる

つらいこと、悲しいことは、なんとか避けたい。いつも、いつも、明るく、幸福でありたい。

幸せという山に向かって、力のかぎり努力しているのに、まわりから、思わぬ事故や不幸が、次々、襲いかかってくる。その影響で、こちらが、とんでもないトラブルに巻き込まれたり、体調をくずして、病気になったりする。

不幸とか、災難にあうのは、とても、つらい。が、いまになって、しみじみ考えてみると、若いときに出会った不幸や災難が、自分を成長させ、充実させてくれたことが、よくわかる。

発生の機縅は、則ち零落の内に在り

「零落の内」とは、不幸や災難にあって、おちぶれたとき。「発生の機縅」とは、新しい活動が、始まる。つらいことを、不幸と思わず、目の前にある仕事をこなしているうちに、「ああ、こうして、ふつうに生きていることこそ、幸せなんだ」と感じた瞬間、思わぬ自分の新しい人生が、広々と、展開する。

95

人の短処《たんしょ》は曲《つぶさ》に弥縫《びほう》をなすを要す

人の欠点をストレートに口にしない

◆大きい人物ほど大きな欠点があるものだ

人の欠点を見つけたとき、ストレートに自分の思いを伝えることで、うまくいくこともある。ただし、うまくいかないことがほとんどだ。

なんでも、かんでも、人の短所をストレートにいうのは、考えものだ。もしかしたら、この人の欠点をストレートにいったら、強く反抗してくるか、逆に、ポテンと落ち込んでしまうか。ぜひ、相手を見抜いてから、発言してほしい。

こちらの思いを伝えたとき、相手がどう反応するか。ふだんの相手の考え方を想像しないで、頭で思った相手の短所をそのまま口にするのは、あぶない。

人の短処は曲に弥縫をなすを要す

「曲に」とは、十分に。「弥縫をなすを要す」とは、相手が不愉快にならないように、とりつくろって伝えるように工夫することが、必要である……と。

だいたい、人の欠点を、おおげさに指摘することが、おかしい。逆に、自分の欠点なんて、少しも気にすることは、ない。だれにだって、欠点は、必ず、ある。

むしろ、大きい人物にこそ、大きい欠点があるものだ。長所を伸ばせば、いい。

96

喜怒をして愆《あやま》らず

「喜怒」は、相手を見てする

◆自分の言葉が、まわりの人にどう届くか？

「株で大儲けした。やったぜ」と、両手をあげて喜ぶ気持ちは、よくわかる。が、世の中には、株で大損した人もいるし、株をやってない人もいる。株で大儲けしたから、正直に喜んでいるんだ。どこが、悪い。悪くはない。だけど、正直に喜んで口にする言葉が、いかに、まわりの人の心に届いていくかも、考えた方が、いい。たぶん、ほとんどの人が、「あいつは、カネの亡者だ」と思っている。いかに、どう喜ぶか？

「また、同じ失敗をしたな。なんど注意したらわかるんだ。もう、煙草も、いい加減にやめろッ。酒も飲むな。マージャンもよせ。まず、自分の生活の管理をよくしろッ。でないと、首にするぞッ」と、目の敵にして怒り続け、人は、反省するか。

たいてい、一切悪いことをしてないリーダーこそ、カッと怒る。青年は、つらい毎日を酒と煙草のおかげで心を和ませ、手いっぱいに働いている。だから、「またやりそこなったな。君の赤点は、そこだけだ。あとは、全部優」と、励ます。

喜怒をして慾らず

相手も喜ぶように喜ぶ。相手が更生するように怒る。やはり喜怒は難しい。

97

蝸牛《かぎゅう》の角上《かくじょう》に何事をか争う

無駄な争いごとをしない

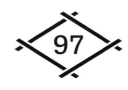

◆この地球は、われわれだけのものではない

みんなが住んでいる地球。これは、宇宙に浮いているゴルフボールくらいの大きさ。実は、このでっかい宇宙が、ごろごろ、たくさん浮いて飛びかっているもっとでっかい大宇宙がある。その大宇宙から見ると、地球は、米粒一つにもならない。

その米粒の中で、水爆や原爆を、どんどんと炸裂させ、ミサイルや弾丸を飛ばし、化学兵器をばらまいて、善良なる市民を殺し合っている。

いったい、なぜ？　いったい、なんのため？　いったい、だれのため？

蝸牛の角上に何事をか争う

「蝸牛」とは、カタツムリ。むかし、カタツムリの左の角に、触氏《しょく》という人が、国をたてた。カタツムリの右の角には、蛮氏《ばん》という人が、国をたてた。ある日、土地の問題がきっかけとなって、おたがいに血みどろになって、戦争をしはじめ、両国ともに一歩もゆずらず、いつまでも、平和を生むことができなかった。左の角も、右手の角も、触氏や蛮氏のものではなく、カタツムリのものであったのに……。真に平和な運命を、グッと引き寄せることが、できないか。

本書は、小社より刊行した文庫本を単行本化したものです。

超訳《ちょうやく》　菜根譚《さいこんたん》
人生《じんせい》はけっして難《むずか》しくない

著　者――境野勝悟（さかいの・かつのり）
発行者――押鐘太陽
発行所――株式会社三笠書房
〒102-0072 東京都千代田区飯田橋3-3-1
電話：(03)5226-5734（営業部）
：(03)5226-5731（編集部）
https://www.mikasashobo.co.jp
印　刷――誠宏印刷
製　本――若林製本工場

ISBN978-4-8379-2977-2 C0030